아랍시와
신화

아랍시와 신화

임병필

한국학술정보㈜

1948년 팔레스타인 붕괴(앗나크바)와 잇단 패배는 아랍인들에게 강력한 힘과 능력을 가진 신이나 영웅의 출현을 요구했다. 그들이 아니고서는 그 누구도 상실감과 패배감에 사로잡힌 아랍인들을 구원해줄 수 없기 때문이었다.

한때 찬란한 성공과 영광을 누렸던 아랍·이슬람세계는 오스만제국(1258~1798)의 몰락과 더불어 거대했던 제국이 갈가리 찢겨졌으며 하나하나 강대국들의 식민지로 전락하고 말았다. 이후 제2차 세계대전(1939~1945)과 아랍 국가들의 독립 전쟁으로 아랍세계는 혼돈 속으로 빠져들었다. 특히 1948년 팔레스타인 붕괴와 이스라엘의 건국은 모든 아랍인들에게 치유될 수 없는 큰 상처를 남겼으며, 아랍세계 전체를 '황무지'상태로 만들었다.

이러한 혼돈과 상실의 시대에 현대 아랍 시인들은 황폐해진 동포들에게 희망의 메시지를 전해줄 새로운 매개체를 갈망하게 되었다. 때마침 1950년 이집트의 루이스 아와드(1915~1990)에 의해 아랍어로 번역되어 출판된 T. S. 엘리엇(1888~1965)의 《황무지》(The Waste Land: 1922)는 아랍 시인들의 새로운 시에 대한 갈증을 해갈시켜줄 단비와 같았다. 엘리엇이 사용했던 죽음과 부활, 희생과 구원의 신화는 앗나크바 이후 다가온 '황무지'와 같은 현실을 탈피하고 싶은 희망을 표출할 수 있는 가장 적합한 출구로 인식되었다.

특히 죽음과 부활의 신화를 주요 매개체로 사용했던 탐무즈 시인들은 그리스·로마 신화와 기독교 신화 그리고 고대 시리아, 메소포타미아, 이집트의 아랍 신화에서 그들의 희망을 가장 잘 표현할 수 있는 모티브를 발견하였다.

이들 탐무즈 시인들에는 이라크의 바드르 샤키르 알사이얍(1926~1964), 이라크의 압둘 와합 알바야티(1926~1999), 시리아-레바논 시인 아도니스(1930~), 시리아-레바논의 유습 알칼(1917~1987), 레바논의 칼릴 하위(1925~1982), 팔레스타인-이라크 시인 자브라 이브라힘 자브라(1919~1994)가 포함된다. 이들의 공통분모는 예수, 불사조, 탐무즈, 아도니스, 바알, 아티스 등 죽음과 부활, 희생과 구원에 관련된 신화와 아랍의 역사적 원형들을 많이 사용하였다는 점이다.

탐무즈 시인들은 죽은 후 다시 부활하는 신화 속 인물들에게서 동포들의 고난을 극복해줄 구세주의 모습을 보았으며, 신화적 영웅들의 죽음과 희생을 통해 시인 자신들, 더 나아가 전 아랍 동포들이 겪고 있는 현재의 고통을 종식시켜주기를 희망하였다.

이 책을 정리하던 중 2년 만에 다시 이집트를 방문했다. '무질서 속에 나름의 질서'를 가지고 있었던 카이로, 언제나 사람들과 가까이 있던 나일강, '지중해의 신부'라는 별명을 가진 알렉산드리아의 아름답던 해변과 황홀한 일출, 신비로운 황혼은 여전할까? 기대와 설렘으로 카이로에 도착한 나를 반기는 건 변함없이 치열한(?) 삶을 살아가는 낡은 택시 운전사들과 수많은 모스크들이었다. 이집트를 그리워한 한 이방인에게 변하지 않은 것들은 친근감으로 다가와 좋지만 이들에게도 변하지 않는 현실이 좋을 것인지…….

고단한 현실을 살아가는 아랍인들이 진정으로 원하는 것은 독재자도 미군도 아니다. 현재의 고난과 슬픔을 극복해줄 수 있는 강력한 신이나 영웅이다.

오늘도 자신들을 구원해줄 구세주를 기다리며 고단한 삶에 미소로 답하는 아랍인들의 희망이 부디 이루어지기를 기원하며…….

2007년 6월
임병필

▪▪ 차 례

▌대표작: 강과 죽음 ‖ 걸프만의 이방인 ‖ 비가 없는 도시 ‖ 사랑이었나 ‖ 십자가 이후의
예수 ‖ 이방인이기 때문입니다. ‖ 자이쿠르의 탐무즈 ‖ 바벨의 케로베로스

▌대표작: 〈1957년으로‖가난뱅이들의 외침‖가방 없는 여행자‖나에게 조국을 돌려주세요.‖내가 다시 십자가에 못 박은 예수‖동네시장‖동포에게 보내는 노래‖바벨로부터의 귀환‖순교자들은 결코 죽지 않는다.‖우리는 왜 유랑지에 있나?

▌대표작: 20세기의 거울‖기도‖미나렛‖베이루트의 거울‖새로운 노아‖西方과 東方‖예언‖죽은 신‖뉴욕을 위한 무덤‖머리와 강

제 1 장

신화(神話), 현대 아랍시의 새로운 매개체*

1. 머리말

아랍세계에서 신화1)가 큰 인기를 얻게 된 것은 T. S. 엘리엇
(1888~1965)의 신화사용에 기인한다.2) 엘리엇의 《황무지》에 영향을
받은 현대 아랍 자유시 시인들은 죽음과 부활, 희생과 구원의 이미지
를 가진 신화를 통해 1948년 팔레스타인 붕괴(앗나크바3)) 이후 아랍
의 현실이 되어버린 '황무지' 상태에서 벗어나고자 하는 희망을 성공
적으로 표출하였다.

특히 1950년대와 1960년대에 죽음과 부활의 신화를 통해 침체에 빠
진 아랍세계를 다시 부활시키려고 노력했던 '탐무즈 시인들'로 인해

---

* 이 글은 1999년도에 《아랍어와 아랍문학》 제3호에 게재되었으며, 일반 독자
들을 위해 일부 내용을 수정하였다.
1) 아랍세계에서 신화학이란 용어는 리파아 라피으 알따흐따위(1801~1873)
에 의해 최초로 언급되었으며, 실제는 술라이만 알부스타니(1856~1925)가
호메로스(Homeros)의 《일리아드》를 아랍어로 번역하면서 최초로 소개되
었다. 한편, 아랍시에 신화의 이론적 배경을 제공한 시인들은 20세기 초
이집트에서 활동했던 낭만주의 경향의 디완학파 시인들인 압바스 마흐무
드 알악까드(1889~1964)와 압둘 알라흐만 슈크리(1886~1958)였으며, 슈
크리는 아랍세계 최초의 신화시를 쓰기도 했다. 신화시는 디완학파와 같은
시기 미국으로 이주한 레바논, 시리아 시인들이 주축이 된 이주학파 시인
들에 의해서도 많이 사용되었으며, 특히 지브란 칼릴 지브란(1883~1931)
은 아랍 신화에서도 시적 영감을 발견하였다. 이어 1930년대 초 활동했던
아폴로학파 시인들에게 있어서 신화는 중요한 표현 양식이 되었다.
2) 엘리엇은 《황무지》에서 풍요 신화, 성배 전설, 페니키아의 수부 이야기,
티레시아스 신화, 필로멜라 신화, 히야신스 신화 등을 사용하였으며, 제목
'황무지'도 성배 전설에서 차용된 것이다.
3) '나크바'는 '재앙, 재난'이란 뜻이며, '앗나크바'는 향토의 상실과 민족의 이
산을 가져온 '1948년 팔레스타인 패망'을 뜻한다.

고대 시리아, 메소포타미아, 이집트의 강력하고 아름다운 신들이며 아랍의 생명과 원기 왕성한 성장의 상징들인 탐무즈, 바알, 이시타르 등이 현대 아랍시에서 가장 유행하는 모티브가 되었다. 그 외에도 탐무즈 시인들 대부분이 기독교도인 까닭에[4] 예수와 같은 기독교 신화들 또한 적극적으로 사용되었으며, 일부 그리스 신화들 또한 수용되었다. 사실 아랍 문학에 그리스 신화에 대한 관심이 시작된 것은 19세기 프랑스와 영국 문학의 영향 때문이었다.

탐무즈 시인들이 사용했던 신화는 예수, 십자가, 카인, 유다 등 기독교에서 차용해온 기독교 신화, 탐무즈와 아도니스,[5] 불사조, 신드바드 등의 아랍 신화, 케로베로스, 메두사 등의 그리스 신화로 세분할 수 있다.

2. 기독교 신화

7세기 초부터 이슬람과 함께 동고동락을 같이 해온 아랍문학에 이교도적인 성향의 신화가 사용된다는 것은 불가능한 일이었다. 그러나

---

4) 탐무즈 시인들 중 아도니스를 제외한 바드르 샤키르 알사이얍, 압둘 와합 알바야티, 유숩 알칼, 칼릴 하위, 자브라 이브라힘 자브라가 기독교인들이었다.
5) 아도니스와 고대 근동의 신인 탐무즈는 근본적으로는 동일한 신을 지칭하는 이름이다. 시리아 지방에서 '아도니'(우리 주라는 뜻)라 하는 이 신은 이집트, 키프로스를 거쳐 나중에 그리스로 들어가 아도니스 신화를 탄생시켰다. 이들은 이집트의 오시리스나 아티스로 언급되기도 한다. 아도니스, 탐무즈, 오시리스, 아티스는 모두 식물신이었으며 추수와 수확을 주관하였다.
   아도니스가 아랍의 신인 탐무즈와 동일한 신이므로 아랍 신화에서 다루고자 하나, 여러 시인들이 아도니스와 탐무즈의 명칭을 각각 사용하고 있으므로 경우에 따라서는 달리 사용하기로 하겠다.

이러한 종교의 배타적 환경하에서도 기독교 상징들을 빈번하게 사용한 이들이 있었다. 그들은 번역된 기독교 찬송가와 서구 선교사들의 영향을 받은 작가·시인들이었다. 그중에서도 자유와 새로운 삶의 터전을 찾아 아메리카 대륙으로 이주한 시리아와 레바논 출신의 북미 이주시인들[6]은 대부분 기독교도들이었으며, 따라서 그들에게 기독교의 영향은 당연한 것이었다. 이주학파 시인들에게 있어 성경은 마음의 안식처였으며 동시에 문학 작품의 원천이었다. 이주학파 시인들은 자신들을 힘없는 동포들을 구원하는 '예언자'라고 생각했다.

이주학파 시인들과 달리 1950년대 이후 아랍 자유시 운동을 주도한 시인들은 종교적인 경험을 표현하기 위해서가 아니라, 자신들의 정신적, 육체적 상태를 전달하기 위해서 기독교와 성서의 상징들, 아랍 신화, 그리스 신화를 사용하였다. 자유시 시인들이 이러한 상징들을 사용한 주요한 목적은 박해받고 사회에서 격리되었다고 느끼는 시인 자신들의 심리적인 고통과 상실감을 구체화하려는 것이었다. 그러나 상징들을 통해 자신들의 고통을 극복하려 했던 자유시 시인들의 노력은 큰 성공을 거두지 못했으며 따라서 사용된 대부분의 상징들은 비극적이었다.

1950년대에 가장 빈번하게 사용된 기독교 신화는 예수[7]였다. 대부분의 현대 아랍 자유시 시인들의 시에서 예수는 조국과 동포들을 위해 희생한 시인 자신을 상징한다. 또한 십자가는 골고다와 같은 희생

---

6) 자유를 찾아 미국으로 건너간 시인들은 북미에서 '펜클럽'을, 남미에서 '안달루시야연맹'을 결성하였으며 아랍세계보다 자유로운 문학 환경에서 새롭고 다양한 실험들을 할 수 있었다. 대표시인들로는 지브란 칼릴 지브란, 나십 아리다(1887~1946), 미카일 누아이마(1889~1988), 일리야 아부 마디(1889~1957) 등을 들 수 있다.

7) 자신이 고통의 상징으로 자주 사용되기도 하지만 상징의 실제적 효용을 최초로 깨달은 인물이다. 예수의 모든 비유나 교리들은 위대한 상징의 세계로 가득 차 있다.

의 짐, 시인이 지나가야 하는 고통의 먼 길을 상징한다.

최초의 자유시 〈사랑이었나〉(1947)를 쓴 이라크 기독교 시인 바드르 샤키르 알사이얍은 〈걸프만의 이방인〉에서 십자가를 지고 가는 예수를 개인적 상징으로 사용하였다. 시인은 공산당에 가입한 전력으로 인해 쿠웨이트로 망명하였으며, 걸프만에 앉아 건너편 이라크를 바라보며 외롭고 고통스러운 망명 생활을 하루빨리 청산하고 고향으로 돌아가고 싶은 향수의 고통을 십자가를 지고 가는 예수라는 상징물을 통하여 표출하였다.

한편, 〈자이쿠르로의 귀환〉에서는 신약성서로부터 가져온 상징들과 은유들을 많이 사용하였다. 또한 이러한 기독교 상징들 외에도 이슬람의 사도(使徒) 무함마드의 역사로부터 파생된 이슬람의 이미지들을 사용하였다. 이러한 두 가지 유형의 상징, 즉 기독교 상징들과 이슬람의 상징들은 자신을 예언자(예수, 무함마드)와 동일시하는 시인의 예언자적 임무를 표현하기 위해 함께 가져온 것이다. 〈십자가 이후의 예수〉에서는 시인 자신의 희생이 조국을 구원하듯이 십자가에 못 박힌 예수로부터 흘러내리는 피가 땅에 비옥함을 가져온다고 생각하였고, 〈신드바드의 도시〉에서는 무함마드와 예수를 타타르[8]로 상징되는 독재자에 의해 고통을 당하는 정의의 상징으로 사용하였다. 〈가일란의 환호〉에서는 예수를 무함마드와 동일시할 뿐만 아니라 죽은 후에 부활한 동양의 두 신들인 탐무즈, 바알과도 동일시하였다.

---

8) 투르크계 주민의 총칭이며, 13세기 몽골 서정군(西征軍)을 따라온 투르크족의 자손과 불가리아·핀·카자흐인 등의 사이에서 태어난 혼혈인들이다. 타타르인이라는 명칭은 핀·사모예드·몽골인 등과 혼혈한 시베리아 원주민 투르크족에게도 확대, 적용되어 북방 투르크계 주민은 모두 타타르인으로 불려진다.

〈십자가에 못 박힌 예수〉(앙리 벨쇼즈의 1416년 작).
이라크 기독교 시인 사이얍은 십자가에 못 박힌 예수가 흘린 피가 땅을 비옥하게 만든다고 노래한다.

또한 자유시를 반석 위에 올려놓은 이라크 기독교 시인 압둘 와합 알바야티는 〈동포들을 향한 노래〉와 〈학살로부터 돌아온 사람들〉에서 십자가와 예수를 고통을 당하는 동포의 상징으로 사용하였다. 〈1957년으로〉에 등장하는 예수는 이라크 혁명[9]의 투사들을 상징하며, 예수가 십자가를 지고 가는 것은 혁명 투사들이 감옥에서 겪는 희생과 고통을 상징한다.

예수나 십자가 외에도 욥과 나자로 같은 또 다른 성경 속 상징들이 고통의 상징으로 사용되었다.

레바논의 기독교 시인 유습 알칼은 〈영원한 대화〉에서 헤브라이의 족장으로서 인내와 독실한 신앙의 전형인 욥을 영원한 고통의 상징으로 사용하고 있다.

---

9) 1958년 7월 14일 이라크에서 일어난 군사 쿠데타로서 하쉼 왕제를 타도하고 공화제를 수립하였다. 이라크 혁명의 의의는 왕제를 타도함으로써 영국 군사 지배와 봉건적 색채가 짙은 비민주주의적 국가 체제를 와해시킨 데서 찾을 수 있다.

한편, 레바논 애국 시인 칼릴 하위는 〈1962년의 나자로〉에서 1948
년 팔레스타인의 붕괴 이후 전 아랍 국가들에 다가온 비극을 나자로
라는 인물을 통해 상징적으로 표현하고 있다. 이 시는 죽은 지 4일
만에 예수에 의해 부활된, 기독교 성서 속의 나자로라는 인물을 기초
로 하고 있다. 시 속의 나자로는 부활을 거부하며, 이는 이미 결정된
사실들을 변화시키는 데 실패한 현재의 아랍인들을 상징한다.

요약해보면, 1948년 팔레스타인 붕괴 이후부터 1967년 6일전쟁의
패배에 이르기까지 아랍세계는 실로 엄청난 혼란과 좌절을 겪게 된다.
시인들은 고통을 당하는 동포, 고향으로 돌아가지 못하는 고통스런
자신, 독재자의 발에 짓밟힌 정의, 이라크의 혁명 투사들, 아랍의 망
명자들을 예수로 상징하였으며, 그들이 당하는 고통을 예수가 십자가
를 지고 가는 것으로 상징하였다. 또 다른 기독교의 상징인 욥과 나
자로 또한 고통스럽고 갈 곳 없이 방랑하는 아랍인들의 상징이었다.

3. 아랍 신화

현대 아랍 자유시 시인들은 기독교 신화나 그리스 신화와 같은 외
부에서 차용된 신화사용과 더불어 고대 아랍의 전통 유산에 기초한
신화와 상징들 또한 탐구하였다. 그들은 탐무즈, 아도니스, 오시리스,
아티스, 바알 등 고대 메소포타미아와 이집트의 신들을 황폐화된 아
랍세계의 부활에 대한 희망의 상징으로 사용하였다. 그중 가장 빈번
하게 사용된 신화는 아도니스 신화와 탐무즈 신화였다.

아도니스 신화는 엘리엇에 의해 사용되었는데, 이라크와 레바논의

젊은 시인들, 특히 '시' 학파[10]에 속한 시인들의 상상력을 사로잡았다. 엘리엇이 근대 유럽의 정신적 질병을 상징하기 위해서 신화를 사용한 반면, 현대 아랍 자유시 시인들은 아랍세계의 낡고 진부한 것들의 죽음 이후에 오는 새로운 세계에 대한 희망을 상징하기 위해서 탐무즈 신화나 아도니스 신화를 사용하였다. 현대 자유시에서 탐무즈와 아도니스의 죽음은 문맹, 가난, 질병, 미신의 만연을 의미하며, 신들의 부활은 이러한 고대의 저주들을 치료할 수 있다는 가능성을 뜻한다. 탐무즈는 죽음에서 부활한 예수와 동일시되기도 하며, 실제로 탐무즈의 부활은 서구 문명의 성공적인 수용과 획득을 의미한다.

아도니스와 탐무즈는 대체로 아랍세계 전체의 문제를 상징하지만 개인의 희망과 행복을 나타내는 개별적 상징으로 사용되기도 하였다.

사이얍의 〈가일란의 환호〉에서 시인의 아들 가일란의 목소리는 이라크에 비옥함을 가져온 고대 셈족의 풍요와 생식의 여신 이시타르의 축복이나 또는 탐무즈가 옥수수 씨앗을 가지고 돌아온 것과 비슷하다. 시인 자신은 고향 마을 자이쿠르의 땅에 비옥함을 가져오는 부와이브 강물처럼 땅과 식물에 물을 제공하는 신 바알이다.

〈팔월의 노래〉에서는 배경을 묘사하기 위해 탐무즈 신화의 인상적인 이미지들이 사용되었다. 붉은 지평선은 수퇘지에 의해 치명적인 상처를 입고 피를 흘리는 탐무즈를, 밤은 탐무즈의 고통을 상징한다.

〈1956년의 꿈〉에서는 이라크 북부에 위치한 모술에서의 대량 학살을 묘사하기 위해 탐무즈 신화가 사용되었다. 시인은 대량 학살을 탐

---

10) 1957년 유숩 알칼과 아도니스가 창간한 자유시 운동의 대변지인 '시' 지에 참여한 일단의 시인 그룹을 일컫는다. '시' 지는 1964년 정간되었다가 1967년 복간되었는데 실험시와 아방가르드시를 표방하는 젊은 시인들의 광장 역할을 하였다. 이러한 시인들에 의해 반영된 가장 주요한 태도는 과거를 거부(拒否)하는 것이었다.

무즈의 정맥을 자르는 낫으로 표현하였다.

〈신드바드의 도시〉에 등장하는 타타르인들은 20세기 초 아랍세계의 지성들을 사로잡았던 마르크스주의자들을 상징한다. 비는 혁명을 상징하며, 목말라 죽어가면서 마을을 배회하는 이시타르는 가뭄을 상징한다.

현대 아랍시를 대표하는 시인이며 비평가인 아도니스(알리 아흐마드 사이드)는 자신을 태워 죽은 후 그 재에서 다시 태어나는 전설상의 새인 불사조를 부활의 상징으로 많이 사용하였다. 이는 아랍 문명이 낡은 세대와 부패의 마지막 단계에 있어, 불사조와 같이 죽음으로써 다시 태어나 재생의 단계로 나아가기를 고대하는 시인 자신의 생각을 표현한 것이다.

시인은 〈꿈〉에서 부활을 위해 몸을 태울 것을 불사조에게 독백조로 주문하고 있다. 〈추방의 노래〉에서는 시인 자신을 죽음으로부터의 부활을 추구하는 영웅으로 묘사하고 또한 자신을 불사조와 동일시한다. 이후 불사조는 죽음에서 부활한 예수에 비유된다. 〈부활의 가르침〉에서 시인은 불사조에게 그의 조국을 되찾기 위해 예수처럼 죽을 것을 요구한다. 죽음은 아랍세계의 세 가지 전염병, 즉 공허함, 황폐함, 암울함, 다시 말하면 게으름, 가난, 문맹을 제거할 것이다. 불사조는 부활하여 새 생명을 되찾고 이때 불사조는 아랍의 세 가지 저주들을 걷어내는 탐무즈와 동일시된다.

칼릴 하위 또한 〈빙하 이후〉에서 불사조를 부활의 상징으로 사용하였다. 시인은 폐허로부터 아랍세계를 재생시키는 상징으로서 불사조의 아랍어 명칭인 '안까'를 사용하며 이를 탐무즈와 동일시한다. 또한 칼릴 하위는 〈여덟 번째 항해의 신드바드〉에서 중세 아랍문학의 대표적 산문 유산인 《천일야화》(알프 라일라와 라일라)로부터 모험가인

신드바드11)를 차용해 시인 자신의 내면세계 탐구를 신드바드의 모험
에 비유한다.

요약해보면, 아도니스와 탐무즈, 이들은 추수와 수확을 주관하는 신
으로서 아랍세계의 낡고 진부한 것들의 죽음 이후에 올 새로운 세계
에 대한 희망을 의미하였다. 곧 아도니스와 탐무즈의 죽음은 아랍의
몰락과 아랍인들의 좌절, 소외를 상징하였으며, 그들이 지하 세계에서
돌아와 부활하는 것은 부활에 대한 아랍의 명확한 비전을 의미하였다.
불사조의 죽음은 아랍세계의 고질병인 게으름, 가난, 문맹을 제거하였
으며, 불사조의 부활은 새로운 조국 건설과 폐허가 된 아랍세계의 재
생에 대한 희망이었다.

4. 그리스 신화

일부 시인들은 그리스 신화로부터도 여러 상징적인 요소들을 차용
하였다. 유일신 알라를 제외한 모든 신들과 우상을 철저히 금지하는
이슬람으로 인해 다신교적인 성향의 그리스 신화는 그 사용이 오랫동
안 기피되어 왔다. 따라서 그리스 신화에 대한 문학적 관심의 시작은
프랑스와 영국문학의 영향을 받은 19세기가 되어서야 가능했다.

기독교 신화가 대부분이 기독교도들인 아메리카 이주학파 시인들의
문학 원천으로 사용된 반면, 그리스 신화를 사용한 시의 전통은 이집
트에서 발전했다. 아랍 낭만주의 시에 그리스 신화의 표현 방식을 수
용한 것은 아폴로학파12)의 아부 샤디에 의해서 이루어졌다. 아부 샤

---

11) 《천일야화》에서 신드바드는 7차에 걸쳐 미지의 세계를 여행한다.

디는 셸리(1792~1822)와 키츠(1795~1821) 등의 영국 낭만주의 시인들의 시에서, 셰익스피어(1564~1616)와 스펜서(1552~1599), 말로(1564~1593) 등 엘리자베스시대 시인들의 시에서 그리스 신화를 수용했다.

아도니스는 〈시지프스에게〉에서 바위를 산꼭대기로 부단히 밀어 올려야만 하는 영원한 형벌을 받는 시지프스를 시리아국민당에 가입한 전력으로 감옥에 투옥되고 이후 무죄가 인정되어 석방된 후 레바논으로 망명, 조국 시리아 국적의 취소 등 끊임없이 고통을 겪는 시인의 개인적 상징으로 사용하였다.

아도니스가 시지프스를 개인적 상징으로 사용한 것과는 달리, 압둘와합 알바야티는 〈망명지에서〉에서 자신의 조국에서 추방되어 돌아갈 희망도 없이 끝없이 방랑하는 아랍 민족주의자들 모두를 시지프스로 상징하였다.

아도니스와 바야티가 시지프스를 영원한 고통의 상징으로 사용한 반면, 사이얍은 〈무덤에서 온 편지〉에서 시지프스를 승리의 상징으로 사용하였다. 사이얍은 130여 년에 걸친 프랑스의 통치(1830~1962)로부터 독립하기 위해 투쟁했던 알제리 전사들에게 이 시를 헌정하였다. 알제리인들의 승리는 시지프스가 영원한 멍에인 바위를 집어던짐으로써 획득된다.

그리스 신화로부터 차용된 또 다른 상징으로는 케로베로스와 메두사를 들 수 있다. 사이얍은 〈바벨의 케로베로스〉에서 저승 문을 지키는 머리가 셋 달린 케로베로스를 공산주의자들로 상징하였으며, 〈눈

---

12) 아폴로학파는 1932년 이집트에서 아흐마드 자키 아부 샤디(1892~1955)에 의해 창간된 '아폴로'(Apollo, 1932~1934)라는 잡지의 회원들을 중심으로 구성되었다. 디완학파에 의해 발전되고 이주학파에 의해 더욱 성숙해진 아랍세계의 낭만주의를 활짝 꽃 피웠다.

먼 매춘부〉에서는 밤이 되어 거리에 가로등이 하나하나 켜지는 모습을 메두사가 눈을 떠 모든 사물을 돌로 만드는 상황으로 표현하였다.

요약해보면, 현대 아랍 자유시 시인들은 그리스 신화에서 차용한 상징들을 대체로 부정적으로 사용하였다. 거대한 바위를 산꼭대기로 끊임없이 굴려 올려야만 하는 운명을 가진 시지프스의 이미지는 희망도 없는 허망한 노력으로 고통을 겪는 아랍인들 각 개인이었으며, 조국에서 추방되어 희망 없이 방랑하는 아랍 민족주의자였다. 부정적인 이미지와는 달리 알제리인들의 승리를 영원한 멍에인 바위를 집어던지는 시지프스로 상징하는 긍정적인 이미지를 볼 수도 있었다. 또한 케로베로스를 대량 학살을 자행한 이라크의 공산주의자로 상징하였으며, 메두사를 가로등의 불빛으로 상징하였다.

한편, 아도니스와 사이얍을 제외한 다른 자유시 시인들의 시에서 그리스 신화의 예를 발견할 수 없었다는 사실은 여전히 다신교적인 이미지의 신화 수용이 거부감을 유발하고 있다는 점의 반증일 것이다.

5. 맺음말

《황무지》에서 신화와 전설의 모티브를 통해 표출되었던 죽음과 부활의 이미지에 고무되었던 현대 아랍 시인들의 작품을 기독교 신화, 아랍 신화, 그리스 신화로 세분하여 분석하였다. 그 결과 일부 시인들은 예수, 십자가, 카인, 아벨, 욥, 나자로 등의 기독교 신화를, 또 다른 시인들은 아도니스, 탐무즈, 바알, 이시타르, 불사조 등의 아랍 신화를 개인과 아랍세계의 부활의 모티브로 사용하였다는 사실을 확인하였다.

또한 일부 시인들이 다신교적인 성격으로 인해 금지되어 왔던 시지프스, 케로베로스와 메두사 등의 그리스 신화를 동일한 목적을 위해 사용하였음도 알 수 있었다.

현대 아랍 자유시 시인들은 아랍인들과 아랍세계, 특히 시인 자신들의 고통과 비극을 예수와 십자가, 시지프스의 고통스런 운명으로 상징하였다. 또한 탐무즈, 아도니스, 바알, 아티스 등 죽음과 부활의 신화와 무함마드, 후사인(후세인), 하룬 알라쉬드 등의 아랍의 역사적 원형들을 통해서 고통 받는 개인과 몰락한 아랍세계의 부활을 간절히 희망하였다.

제 2 장

현대 아랍 자유시의 선구자, 바드르 샤키르 알사이얍

(1926~1964)*

1. 머리말

바드르 샤키르 알사이얍(이후로는 사이얍)은 1940대와 1950년대에
이라크 여류시인 나직 알말라이카(1923~) 등과 함께 자유시 운동을
시작한 현대 아랍시의 선구자이며, 금세기 가장 유명한 아랍 시인들
중 한 명이다. 또한 사이얍은 현대 아랍시 운율(아루드), 신화와 원형,
이미저리, 정치시 등의 분야에서 두드러진 활동을 한 혁신가였으며,
38년이라는 그리 길지 않은 세월 동안 다수의 훌륭한 작품들을 남긴
천재시인이었다.

사이얍은 1947년에 일부 비평가들에 의해 아랍세계 최초의 자유시
로 평가받고 있는 〈사랑이었나〉13)를 발표한 이후 현대 아랍 자유시
운동의 주도적인 역할을 하였다. 특히 《황무지》를 비롯한 T. S. 엘리
엇의 많은 작품들에서 주제, 형식, 기법을 긍정적이고 적극적으로 수
용하여 아랍시에 적용하는데 선도적 역할을 하기도 하였다.

먼저 사이얍의 생애와 작품을 살펴본 후 시인의 작품 활동을 낭만주의
(1943~1948), 사회주의~사실주의(1949~1955), 상징주의(1956~1960),

---

* 이 글은 2002년도 《중동연구》 제21호에 게재되었던 글을 일반 독자들을 위
해 일부 내용을 수정하였다.

13) 최초의 자유시를 누가 썼느냐에 대해서는 많은 이견들이 있다. 대다수의
비평가들은 1947년 사이얍의 〈사랑이었나〉와 말라이카의 〈콜레라〉에 최초
의 자유시라는 지위를 부여한다. 그러나 팔레스타인 출신의 비평가 자브라
이브라힘 자브라(1919~1994)는 루이스 아와드(1915~1990)의 《플루톨랜
드와 엘리트들의 시로부터 온 다른 시들》에 포함된 시들이 최초의 자유시
라고 주장한다. 한편, 이집트 출신의 비평가 S. K. 자이유시(1926~)는 운
동으로서의 자유시는 1949년 말라이카의 《재와 파편》이 발표되면서 시작
되었다고 본다.

실존주의(1961~1964)의 네 단계로 구분하여 살펴보고자 한다. 시인 사이얍을 연구함에 있어 시인의 삶과 시는 분리해 생각할 수 없으며, 시인의 삶 그 자체가 곧 시였기 때문에 시인의 삶과 작품 활동을 하나의 동일선상에 놓고 살펴보고자 한다.

2. 생애와 작품

사이얍은 1926년 이라크 남부 바쓰라 부근의 작은 시골 마을 자이쿠르[14]에서 태어났다. 1938년에 자이쿠르에서 초등학교를 마쳤으며, 1942년에 바쓰라에 있는 한 중학교를 졸업했다. 이후 1943년부터 1948년까지 바그다드의 '다르 알무알리민'(사범대학)[15]에서 아랍문학과 영문학을 공부하였다. 졸업 후 그는 1948년부터 1949년까지 채 일 년도 되지 않는 짧은 기간 동안 영어 교사 생활을 하였으나 대부분은 공무원으로 살았고 언론계에 종사하기도 하였다.

---

14) 이라크 남부 바쓰라 부근의 작은 시골 마을. 시인의 고향이고 마음의 안식처이며 언제나 돌아가기를 희망했던 이상향이었다.
15) 바그다드 사범대학은 많은 시인·작가들을 배출한 곳이다. 현대 아랍 자유시의 선구자인 나직 알말이카, 압둘 와합 알바야티 등이 이 학교를 졸업했다.

〈필자가 2002년 이라크를 방문했을 당시 바쓰라의 샤뚤 아랍 강가에 서 있는 사이얍의 동상은 시인을 공부하던 필자에게 말로 표현할 수 없는 감동을 주었다. 문학을 사랑하는 아랍인들은 거리 곳곳에 시인들과 작가들의 동상들을 세워 놓았고, 수많은 거리 이름들에 시인, 작가들의 이름을 붙여 이들을 영원히 기.〉

　사이얍은 인생의 마지막 3년 동안(1961~1964) 신경이 점차로 마비되는 퇴행성 질병을 앓았으며, 마침내 1964년 12월 24일 쿠웨이트의 아미르 병원에서 사망했다. 그의 시신은 이라크 바쓰라 근처에 있는 주바이르 묘지에 묻혔다.

　사이얍은 1945년 이라크 공산당을 탈당하기 전까지 약 8년 동안 마르크스주의를 신봉하였다. 그로 인해 1948년 옥고를 치렀고 1953년에는 6

개월 정도 쿠웨이트에서 망명생활을 해야만 했다. 이후에는 아랍민족주의 노선을 지지했으며, 1955년에 결혼해 바그다드에 정착했다.

사이얍은 시에서는 낭만주의로 시작해 점차 사회주의-사실주의, 상징주의, 실존주의로 방향을 전환하였다. 특히 T. S. 엘리엇과 에디스(1892~1969)의 영향을 받아 현대 아랍 자유시에서 신화와 원형의 사용을 개척하였으며, 아랍시의 현대적인 형식을 창조하는데 공헌하였다. 또한 매우 효과적인 방법으로 극적 독백을 사용하였으며 고전 까시다16) 율격의 단조로움을 파괴하여 현대 아랍 운율의 기초를 마련하였다.

사이얍은 《시든 꽃들》(1947), 《꽃들과 신화들》(1950), 《눈먼 매춘부》(1954), 《무기들과 아이들》(1954), 《비의 노래》(1960), 《수몰된 사원》(1962), 《노예들의 집》(1963)을 발표했으며, 《귀족 딸의 발코니》(1964)는 시인이 죽은 이후에 출판되었다. 또한 그는 아라공(Arogon)과 에디스 등의 일부 시들을 번역하기도 하였다.

3. 낭만주의(1943~1948)

사이얍은 한마디로 비극의 시인이었다. 젊은 시절 시인에게는 항상 비극들이 따라다녔다. 1932년 그의 나이 7살 때 어머니가 돌아가셨고, 3년 뒤 아버지가 재혼을 했다. 또한 1942년 17살 때 사이얍에게 오랫

---

16) 까시다는 주제 면에서는 복합적인 주제를 사용하는 복합시이고, 형식 면에서는 엄격한 2반행, 단일 율격, 단일 운을 준수하는 정형시이다. 또한 10행에서 100행에 이르는 장시(長詩)로서 이슬람 이전 시대부터 아랍인들이 즐겨온 아랍인들만의 독특한 시 형식을 일컫는다.

동안 어머니의 자리를 대신해왔던 할머니가 돌아가셨다. 무엇보다 할머니의 죽음은 그에게 커다란 충격을 주었던 것 같다. 이러한 모든 비극들이 그로 하여금 항상 존재하지 않는 이상을 찾도록 만들었다. 그는 현실을 거부했다. 그에게 있어 현실은 고통이며 죽음이었고 어머니, 아버지, 할머니와의 이별이었으며 배신이며 고통이었다. 그는 이상과 현실 사이에서, 과거와 현재 사이에서 방황하기 시작했다.

고향 마을 자이쿠르에서 사이얍의 소외감과 외로움은 나날이 커졌다. 1943년 마침내 그는 바그다드 사범대학에 입학하여 시골 마을을 떠나 바그다드로 이주하게 되었다. 그러나 바그다드는 그가 꿈꾸어왔던 이상향이 아니었다. 그는 도시의 이방인이 되었으며, 대도시로의 이주는 그에게 더 큰 상실감을 가져다주었다. 바그다드에서 시인은 언제나 고향 마을 자이쿠르를 동경했고 그곳으로 돌아가는 꿈을 꾸었다.

사이얍은 처음에는 방언으로, 후에는 표준어로 전통적인 시 까시다를 썼다. 이 시기의 시들은 대부분 가잘(사랑시, 연애시)이거나 고향 마을에 대한 묘사시였으며, 가끔씩은 민족시를 쓰기도 했다.

사이얍은 낭만주의 경향의 시를 썼으나 아랍 낭만주의의 영향도, 영국 낭만주의의 영향도 받지 않았다. 아랍의 사치스런 장식 위주의 낭만주의는 1930년대·1940년대 이집트에서 활동했던 아폴로학파에 의해 최고조에 달했으나 사이얍이 시를 쓰기 시작했던 이 시기에는 아랍세계에서 낭만주의가 쇠퇴하고 있었다. 시인은 바그다드 사범대학에서 영문학을 공부하면서 낭만주의의 대가인 P. 셸리(1792~1822)와 존 키츠(1795~1821)에게서 커다란 영향을 받았으나 그들을 그대로 모방하지는 않았다. 사이얍은 아랍 낭만주의자들의 깃발 아래 머물지도 않았으며, 영국 낭만주의자들의 깃발을 들지도 않았다. 시인은 꿈만을 꾸고 있지는 않았으며 실제로 혁명을, 자유와 사랑을 허락하는 맹렬한 폭풍우를 꿈꾸었다.

이때 사이얍은 최초의 현대 아랍 자유시인 〈사랑이었나〉[17]를 발표했다.

> 당신은 그를 불같은 사랑을 주었던 이라 부릅니까?
> 나의 안전에 미친 이라
> 열정을 주었던 이라 부릅니까?
> 사랑이란 무엇입니까? 통곡입니까, 미소입니까?
>
> 뜨거운 갈비뼈의 떨림입니까.
> 우리의 두 눈이 만나면
> 나는 물을 내려 주지 않는 하늘로부터
> 도망치며 내 열망에 고개를 숙였을 텐데
> 만나지 못하면?
> 하늘은 물을 내려 갈증을 없앴을 텐데.
>
> 만일 갈색 눈들이 내 숲 속 그림자가 된다면
> 끝까지는 아니라도
> 내 친구들의 손에 있는 컵들이 말랐을 텐데.
> 컵이여, 술 취한 나의 가장자리에
> 언젠가 우리의 두 입술이
> 떨며 불타며 만날 장소를 준비하라
> 그림자가 지평선으로 멀어진다 퍼진다 가까워진다(하략)

〈사랑이었나〉는 전통 까시다의 2반행 대칭 구조를 탈피하였으며 단일 운의 족쇄 또한 극복함으로써 최초의 자유시라는 명예를 차지하였다. 시인은 16개의 전통 율격들[18] 중 하나인 '라말' 율격(달리는 율

---

17) 이 시는 1947년에 쓰였으나 1950년에 발표된 《꽃들과 신화들》에 실렸다.

격)의 음보를, 어떤 경우에는 3개, 또 다른 경우에는 4개나 5개의 음
보를 사용하여 시의 단조로움을 탈피하였다.

4. 사회주의-사실주의(1949~1955)

사이얍은 그의 삼촌과 함께 이라크 공산당의 일원이 되어 약 8년
동안 공산당원으로 활동하였으며, 제2차 세계대전(1939~1945) 중에
는 공산당과 나치를 위한 선전을 하기도 했으나 1945년에 당을 탈당
했다. 그러나 사이얍은 공산당 전력으로 인해 교사직에서 쫓겨났으며
옥고를 치르고 망명생활을 해야만 했다.

사이얍은 이러한 경험을 통해 자신의 개인적 고통을 대중의 고통으
로 승화시켰다. 그의 어머니의 죽음과 슬픔이 보편적인 것이 되었으며
다른 동포들의 죽음과 슬픔이 되었다. 과거에는 그 혼자만의 구원을 찾
곤 하였으나 점차 동포들의 구원을 통해 자신의 구원을 추구하게 되었
다. 그는 그 자신의 고통이 개인적인 특별한 것이 아니라 아랍인이라면
누구나 겪고 있는 일반 대중의 고통이라는 사실을 깨달았다.

이 시기 사이얍은 점차 셸리와 키츠를 초월해 스테판, 로버터 브룩
(1805~1869), 윌리엄 헨리 다피스, 에드가 엘런 포우(1809~1849)로
나아간다. 그리고 얼마 후 엘리엇, 에디스로 나아간다. 이때 사이얍은

---

18) 긴 율격(따윌), 확장한 율격(마디드), 느긋한 율격(바시뜨), 화려한 율격
   (와피르), 완전한 율격(카밀), 지저귀는 율격(하자즈), 떨리는 율격(라자
   즈), 달리는 율격(라말), 빠른 율격(사리으), 굽은 율격(문사리흐), 밀접
   한 율격(카피프), 유사한 율격(무다리으), 간략한 율격(무끄타답), 잘린
   율격(무즈탓쓰), 잽싼 율격(무타까립), 잇단 율격(무타다릭).

특히 엘리엇이 《황무지》에서 사용했던 신화(神話)에 많은 관심을 가지기 시작했다.

이 시기의 가장 대표적인 시는 사이압의 대표작으로 평가되기도 하는 〈비의 노래〉(1954)를 들 수 있다. 이 시는 그가 정치적인 망명생활(1953)을 하고 있었던 쿠웨이트에서 아랍 걸프만에 떨어지는 비를 바라보는 자신의 감정을 묘사하고 있다. 시는 어린 시절에 대한 그리움과 조국에 대한 향수, 이라크에서의 현재 상황에 대한 슬픔과 미래를 향한 희망 사이를 교차한다. 비는 꽃들과 곡물들에게 생명을 주고 열매를 주지만 이라크의 비는 사람들에게 항상 배고픔만을 준다. 시는 전반적으로 슬픈 분위기에도 불구하고 절망으로 끝나지 않는다. 핵심어 '비'는 시의 각 부분 끝에 후렴구처럼 여러 번 반복되어 비가 떨어지는 모습을 연상케 하며 최면의 효과를 불러일으켜 마술적인 분위기를 창조한다.

너의 두 눈은 이른 아침 야자수 숲
달빛이 사그러지는 발코니
너의 두 눈이 미소 지으면
이른 아침 뱃사공의 노에 의해 부서지는 강물의 달처럼
깊은 곳에서 고동치는 별처럼
포도나무가 잎을 틔운다
빛들이 춤을 춘다.

너의 두 눈은 저녁이 두 손으로 쓰다듬는 바다처럼
슬픔의 투명한 안개 속에 잠긴다
그곳에는 겨울의 따스함이 가을의 전율이 있다
죽음, 탄생, 어둠, 빛
통곡의 전율이 깨어나 내 영혼을 채운다

의기양양함과 야만성이 하늘을 감싼다
달을 두려워하는 아이의 의기양양함이리라!
구름을 마시는 아치 모양의 안개처럼
한 방울 한 방울 비에 녹아든다...
아이들이 포도나무 덩굴아래서 재잘거렸다,
참새들의 침묵이 나무위에서 살랑거렸다.

비의 노래
빗방울이 떨어진다
똑
똑똑
똑똑똑
저녁이 하품을 했다
잠자기 전 아이의 칭얼거림처럼
구름이 무거운 눈물을 하염없이 흘린다.
아이는 일 년 전에 깨어난 엄마를 찾지 못했다.
아이가 계속해 질문을 하면
그들은
-내일이 지나면 돌아오실 거야.
반드시 돌아오실 거야.
친구가 속삭인다,
너의 엄만 흙을 먹고 빗물을 마시며
저 언덕 근처 무덤에서 잠자고 있어

아이는 텅 빈 그물을 모으는 슬픈 어부처럼
물과 운명을 저주한다
노래가 달이 저무는 곳에서 흩어진다
빗방울이 떨어진다
똑
똑똑

넌 비가 어떤 슬픔을 일깨우는지 아니?

도랑물은 흘러내릴 때 어떻게 노래하는지 아니?

외로운 사람이 빗속에서 얼마나

상실감을 느끼는지 아니?

끝도 없이- 피가 흐르는 것처럼, 배고픈 사람들처럼

사랑처럼, 아이들처럼, 죽은 이들처럼- 비가 내린다!

너의 두 눈동자는 비와 함께 나를 데리고 방황한다

번개가 걸프만의 파도를 건너

별들과 조개들이 있는 이라크의 해변을 씻는다.

일출의 기미가 보이는 듯하자

밤이 피의 담요로 덮어버린다.

나는 걸프에다 소리친다

-걸프여,

진주와 조개와 파멸을 주는 이여!

메아리가 마치 노래를 하듯

되돌아온다,

-걸프여,

조개와 파멸을 주는 이여.

나는 이라크가 천둥을 지키는 소리를 어렴풋이 듣는다

들판과 산들에 번개를 저장하는 소리를 듣는다

남자들이 도장을 부술 때도

바람은 싸무드[19]의 흔적이 남아 있는 계곡에서

떠나지 않았다

나는 야자나무가 비를 마시는 소리를 어렴풋이 듣는다

마을들이 신음하고

이주자들이 노와 돛으로 걸프의 파도와 천둥에

---

19) 히자즈와 시리아 사이에 살았던 아랍 부족으로 산의 암석을 잘라내어 집을 짓고 살았다고 한다. 일설에 의하면 싸무드족이 예멘지방에 거주했으며 마리브댐을 건설했다고도 한다.

맞서 싸우는 소리를 듣는다
그들이 노래한다,
똑
똑똑
똑똑똑
이라크에는 배고픔이 있다
수확의 계절이 곡식들을 흩어버린다
까마귀들과 메뚜기들이 배를 채운다
곡물창고들과 바위들이 곡식을 빻는다
들판에서 맷돌이 돌아간다 사람들이 둘러서 있다
똑
똑똑
똑똑똑
이별의 밤 우리는 얼마나 많은 눈물을 흘렸던가
우리는 놀림이 두려워 비를 핑계 댔다
똑
똑똑
어릴 때부터
겨울 하늘은 구름이 많았다
그러곤 비가 쏟아졌다
해마다- 땅이 녹색이 되면- 우리는 배가 고팠다
이라크에서 배고프지 않고 지나간 해는 없었다
똑
똑똑
똑똑똑
빗방울 속에는
빨강 노랑 꽃 씨앗들이 있다
빗방울은 배고픈 이들과 벌거벗은 이들의 눈물
빗방울은 노예들이 흘리는 피
새로운 계절을 기다리는 미소

갓 태어난 아이의 입술에 피어난 꿈
내일의 젊은 세계에 생명을 주는 이!
똑
똑똑
똑똑똑
이라크가 비로 인해 녹색이 될 것이다
나는 걸프에다 소리친다
-걸프여,
진주와 조개와 파멸을 주는 이여!
메아리가 마치 노래를 하듯
되돌아온다,
-걸프여,
조개와 파멸을 주는 이여!
걸프는 많은 선물들 중에서
증발하는 거품과 조개를 모래 위에 흩어 놓는다
앙상한 뼈만 남은 이주자들이 물에 빠져 죽는다
그들은 계속해 걸프의 심연으로부터 파멸을 마신다
유프라테스 강에는 이슬로 길러온 꽃의 꿀을 마시는
천 마리의 독사가 있다
나는 걸프에서 울리는
메아리를 듣는다
빗방울이 떨어진다
똑
똑똑
똑똑똑
빗방울마다
빨강 노랑의 꽃씨들이 있다
배고픈 이들과 벌거벗은 이들의 눈물
노예들이 흘리는 피
새로운 계절을 기다리는 미소

갓 태어난 아이의 입에 피어나는 꿈
젊은 내일의 세계에 생명을 주는 이

빗방울이 떨어진다
똑똑똑

〈비의 노래〉 전문

〈비의 노래〉는 복합적인 주제, 탄탄한 구성, 이미지의 신속한 연속
이 그 특징이며, 이 모든 것들이 단지 장식적인 것이 아니라 엄격할
정도로 유기적으로 작용하고 있다. 또한 모호한 표현들과 원형적 '비',
비옥신화를 포함하는 상징들이 기술적으로 사용되고 있으며, 섬세한
내적 음악과 언어의 주문 효과가 매우 뛰어나다. 사이얍이 이 시에서
사용한 암시적인 탐무즈 신화는 동시대 탐무즈 시인들이 사용했던 여
러 가지 실험들의 출발점이 되었다.

사실 아랍세계에서 신화가 큰 인기를 얻게 된 것은 T. S. 엘리엇의
신화사용에 기인한다. T. S. 엘리엇의 《황무지》에 영향을 받은 현대
아랍 자유시 시인들은 죽음과 부활, 희생과 구원의 이미지를 가진 신
화를 통해 1948년 팔레스타인 붕괴 이후 아랍의 현실이 되어버린 '황
무지' 상태에서 벗어나고자 하는 희망을 표현하였다.

신화는 현대 아랍 자유시 시인들에게 있어 세 가지 자각에 대한 표
현이었다. 첫째는 불안하고 혼란스러운 사회에 살고 있는 아랍인들의
걱정과 불안감에 대한 표현이었다. 이에 시인들은 새로운 세계를 탐
구할 필요성을 느꼈으며, 여행과 모험을 통해 미지의 세계에 도전하
는 오디세우스(율리시즈)나 신드바드 같은 모험 영웅들에게서 위안을
발견하였다. 둘째는 새롭고 건강한 아랍 고유의 개성을 재생시키고
부활시키겠다는 의지의 표현이었다. 여기에는 아도니스, 불사조, 오시

리스, 나자로, 예수, 후사인[20] 등의 많은 죽음과 부활의 상징들이 사용되었다. 셋째로는 예수, 후사인, 프로메테우스, 시지프스 등이 겪은 고통과 아픔을 통해서 이상과 현실과의 괴리에 기인하는 고통, 특히 아랍인들의 고통을 표현하고자 하였다.

주도적인 탐무즈 기독교 시인이었던 사이얍은 기독교 신화뿐만 아니라 아랍 신화와 그리스 신화 또한 가장 폭넓고 심도 있게 사용한 시인이었다.

〈걸프만의 이방인〉(대표작 란에 전문 수록)에서는 십자가를 끌고 가는 예수라는 상징물을 통하여 조국인 이라크로 돌아가고 싶은 향수의 고통을 표출하였으며, 〈십자가 이후의 예수〉(대표작 란에 전문 수록)에서는 시인 자신의 희생이 조국을 구원하듯이 십자가에 못 박힌 예수에게서 흐르는 피가 땅에 비옥함을 가져온다고 생각한다.

〈신드바드의 도시〉에서는 예언자 무함마드와 예수가 타타르(몽골족)로 상징되는 독재자에 의해 고통을 당하는 정의를 상징하고 있다. 아도니스의 귀환과 예수의 부활은 봄의 희망을 상징한다. 그러나 비가 치명적인 피해를 주어 예수가 죽고 나자로가 부활하지 못한다. 시인은 압둘 카림 까심의 통치 기간(1958~63) 동안에 이라크 북부 도시 모술에서 공산주의자들에 의해 행해진 대학살을 묘사하기 위해서 탐무즈 신화를 사용한다.

또한 사이얍은 그리스 신화도 사용하였다. 시인은 알제리 전사들에

---

20) 후사인(후세인)의 전체 이름은 후사인 븐 알리(625~680)이며, 제4대 정통 칼리파 알리와 사도 무함마드의 딸 파티마 사이에서 태어났다. 680년 우마위야조의 제1대 칼리파 무아위야가 죽은 뒤 칼리파 자리를 이은 야지드를 인정하지 않고 시아파(쉬아파)의 요청을 받아 반기를 들기 위해 쿠파로 쳐들어갔으나 정부군에 포위당해 카르발라에서 전사하였다. 이 피의 대가로 시아파가 종파로 발전하는 결정적인 계기가 되었다.

게 헌정한 〈무덤에서 온 편지〉에서 시지프스를 승리의 상징으로 사용
하였으며, 〈바벨의 케로베로스〉(대표작 란에 전문 수록)에서는 그리
스 신화에서 저승의 정문을 지키는 전설 속의 개 케로베로스를 이라
크의 공산주의자들을 상징하기 위해 사용하였다.

5. 상징주의(1956~1960)

이 시기에 사이얍은 낭만주의를 초월하고 사회주의-사실주의를 뛰
어넘었다. 그는 정치 노선에 직접 참여하기보다 그것을 초월했다. 정
확히 말하자면 그는 사회주의-사실주의자라기보다는 오히려 상징주의
자였다.[21] 그에게 있어서 상징은 사실보다 우선했다. 그가 이라크 공
산당의 일원이 되었을 때 그에게 공산주의는 부차적인 문제였다. 그
것은 상징이었으며, 사실의 정반대였다. 공산주의는 실현될 수 있지만
사이얍의 상징은 결코 실현될 수 없는 것이었다.

사이얍은 공산주의에서 이탈한 이후 민족주의와 순수 철학으로 눈
을 돌렸다. 그는 관습적인 것에서 일상적인 것으로, 신화와 상징으로
이동했다. 이전 단계에서 죽음은 사건이었으며, 배고픔은 현상이었고,
투쟁은 남자다운 것이었다. 그러나 현 단계에서 죽음은 신화로 변화
되었으며, 희생이 신화적인 것이 되었다. 죽음이 신화로 변화된 것은
단순한 시적인 묘사가 아니다. 사이얍은 투쟁과 실제로 흘리는 피에
서 구원을 보았다. 시인에게 있어 피는 노예의 피가 아니라 탐무즈와

---

21) 사이얍은 이라크 공산당에 가입해 활동을 했으나 실제로 정치 구호나 슬
   로건을 소재로 하는 시는 쓰지 않았다.

예수의 피인 것이다. 따라서 개개인의 죽음이 하나의 기적이 되었다.

죽음과 부활의 개념은 시인들을 매료시켰으며 1950년대 동안 유행이 되었다. 그러나 비옥신화는 곧 진부한 것이 되었다. 그것은 사람들의 기억에 정착된 신화들이 아니라 책에서 습득된 것이었기에 지속적인 만족감을 줄 수 없었다.

1960년대 초 영원할 것만 같던 신화가 그 기력을 잃은 뒤 새로운 활력소로 등장한 것은 아랍의 역사적 원형(元型)이었다. 진정한 아랍의 역사적 원형을 사용한 것은 사이얍이 1956년 '문학'지에 발표한 시 〈아랍 마그립에서〉에서이며, 이후 아랍의 역사적 원형은 1960년대 초부터 아랍세계에서 가장 유행하는 모티브가 되었다.

이 시기의 대표적인 작품으로 〈아랍 마그립에서〉를 들 수 있다.

나는 바위 위에서
여기 거친 사막에서
빨간 벽돌 위에서
무덤 위에서 내 이름을 보았다.
그의 무덤을 본 사람은 무슨 생각을 할까?
그는 어쩔 줄 모른다
그가 죽었나 살았나? 그가 사막 위에서
그의 그림자를 본 것으로는 충분하지 않아.
먼지를 뒤집어쓴 사원의 첨탑처럼
무덤처럼
사라져버린 영광처럼
알라의 이름이 반복된 사원의 첨탑처럼
그곳에 그의 이름이 새겨져있다
사도 무함마드가 녹색의 벽돌 위에 조각되어
그 꼭대기에서 빛나고 있다
먼지가 불이 어제를 먹는다

신발도 없는 발도 없는 독재자가

그를 걷어찬다

고통 없는 상처로부터 피를 뽑아낸다

피가 없다

그가 죽었다

우리는 거기, 죽은 자들과 산 자들 가운데서 죽었다

나, 무함마드, 알라

우리 모두 죽었다

이곳은 우리들의 무덤- 먼지를 뒤집어 쓴

사원의 첨탑 파편들 위에

흩어져 있는 벽돌과 도자기 조각들 위에

무함마드와 알라의 이름이 적혀있다

거기가 신의 무덤이다. 한낮에는

천개의 창과 코끼리의 그림자가 있다(중략)

전지전능한 카으바[22]의 신이

어제 둘 까르[23]에서

유적들의 변두리에서 피로 얼룩진

갑옷으로 무장을 했다

무함마드의 신 그리고 아랍인들의 신이

시골의 산들에서 혁명가들의 깃발을 들고 간다

야파[24] 사람들은 무너진 집 더미에서

---

22) 사우디아라비아 메카의 하람성원 중앙에 있는 정육면체의 대리석으로, 모든 이슬람교도(무슬림)들이 가장 신성한 곳으로 여기는, 전 세계 무슬림들의 기도 방향(끼블라)이다. 전승에 의하면 아브라함과 그의 아들 이스마일이 알라의 명을 받들어 건설했다고 한다.

23) 사우디아라비아 쿠파 근처에 있는 바크르 븐 와일의 우물.

24) 성서 속에 등장할 정도로 오래된 아랍의 고대 항구 도시이며, 1948년 팔레스타인 붕괴 이후 이스라엘의 텔아비브로 편입되었다. 팔레스타인 민족작가 갓산 카나파니(1936~1972)의 소설 《슬픈 오렌지의 땅》의 주 무대이며 '팔레스틴의 신부'라는 별칭을 가지고 있다.

울고 있는 그를 보았다

어느 날 우리는 구름에서 우리의 땅으로

내려오는 그를 보았다

그는 상처를 입은 채로 우리 동네를 돌면서

구걸을 했다

그러나 우리는 그의 상처를 치료해주지 않았다(중략)

나는 바위 위에서 내 이름을 읽었다

사막에 있는 내 이름 사이에

맥박과 맥박 사이에 흐르는 이라크의 피가 흐르듯이

부활의 세상이 숨을 쉰다

동굴 위에 있는 서 있는 빨간 벽돌로부터

불빛도 없이

땅의 표면을 비춘다

피가 있다

의미를 찾기 위해

나의 땅이라는 것을 알기 위해

나의 일부임을 알기 위해

나의 과거임을 알기 위해 이름을 붙인다

그것이 없으면 그의 부활도 없다

나는 그가 없으면 죽는다, 나는 죽음 사이를 걷는다

깃발로 가득 찬 우리 계곡의 외침소리인가?

우리 과거의 색깔인가?

빨간 색의 작은 창문으로부터

녹색의 벽돌로부터 빛이 비친다

그 위에 피의 찌꺼기로 신의 이름을 적느냐?

새벽 아잔[25] 소리인가?

우리의 수탉 발톱으로부터 올라가는

혁명가들의 환호성인가?

---

25) '무앗진'이 첨탑 꼭대기에 올라가 이슬람의 가장 중요한 의무인 하루 다섯 차례의 기도 시간을 알리는 소리.

무덤이 수백 만 개의 죽음을 생산해 퍼뜨린다.
무함마드, 아랍인의 신, 그리고 승리가 깨어났다
우리의 신이 우리에게 있다

사이얍은 당시에 진행되고 있었던 알제리혁명(1954~1962)을 칭송하기 위해 실제 역사적 인물이며 아랍 문명의 새벽을 열었던 사도 무함마드와 그의 추종자들로부터 가져온 강력한 원형적 이미지를 채용하여, 갱신과 부활이라는 주제를 이끌어내었다. 아랍 문명의 여명은 사도 무함마드와 이슬람의 유일신 알라를 알게 되면서 시작되었으며, 이슬람이야말로 새로운 문명을 창조하는 원동력이었다. 무함마드와 알라가 우리 안에서 살아 움직일 때 우리의 힘은 되살아나지만 그들이 죽으면 우리의 힘도 죽는다. 무함마드와 알라의 죽음은 모든 아랍 문명의 죽음을 의미한다.

6. 실존주의(1961~1964)

이 시기는 사이얍이 퇴행성 마비증세로 인해 쿠웨이트의 아미르 병원에서 병상생활을 하던 때이다. 사이얍은 자신의 상태가 더 이상 희망이 없다는 것을 깨닫지만 체념하지 않고 더욱더 열정적으로 시작 활동을 지속하였다. 그에게 있어 시는 자신이 여전히 살아있음을 느끼게 해주는 유일한 수단이었다.

세상과 단절되면서 시만이 그의 유일한 벗이 되었다. 사이얍은 대부분의 시간을 간혹 찾아오는 방문자들과 이야기하거나 시를 쓰는 데

사용했다. 그러나 차츰 걷기도 힘들어지고 시를 쓰는 작업까지도 불
가능해졌다. 육체를 쥐어뜯는 고통은 그에게 죽음의 그림자가 서서히
밀려옴을 느끼게 했다. 그는 자기 자신을 통해 모든 것을 바라보기
시작했다. 병의 고통으로 인해 점차로 자기 반성적·주관적·자극적
이 되어갔으며, 정치적·대중적 문제들로부터 무관심해졌다. 1962년에
발표된 시집 《수장된 사원》에서는 페르세포네 신화[26], 아이를 낳다가
죽은 사촌 와피까와 같은 과거에서 빌려온 인물들에 커다란 관심을
가졌다.

이 시기의 대표작은 〈욥의 여행〉[27]을 들 수 있다. 이 시는 사이얍
이 1962년 12월부터 1963년 1월 사이에 런던에서 쓴 열 편의 연작시
이다. 시인이 병마와 싸우는 가장 고통스러운 순간에 쓴 것으로, 신에
게 그의 고통을 끝내줄 것을 기도한다. 사이얍은 고통과 인내의 전형
(典型)인 성서 속의 인물 '욥'을 통해 자신의 시련과 고난, 창조주를
향한 마음을 표현하였다.

> 욥의 주여, 병마가 말을 듣지 않습니다
> 이국땅에서 돈도 없고 집도 없습니다
> 어둠 속에서 당신께 기도합니다
> 죽음의 암흑 속에서 당신께 기도합니다
> 무거운 짐이
> 심장을 짓누릅니다 소리치면 자비를 베푸소서

---

26) 페르세포네는 저승의 신 하데스의 왕비이며, 제우스와 곡물의 여신 데메
테르의 딸이다. 니사와 시칠리아 섬에서 들꽃을 꺾고 있을 때, 그녀를 보
고 마음이 끌린 하데스에게 납치되어 저승으로 끌려갔다. 이 때문에 모신
이 딸의 행방을 찾아다니면서 지상의 오곡이 열매를 맺지 않게 되자, 제
우스의 중재로 봄에서 가을까지는 천상에서 모신과 그 뒤는 지하에서 지
낸다는 조건으로 저승의 여왕이 되었다고 한다.
27) 이 시는 1963년에 발표된 《노예들의 집》에 실려 있다.

안전이여, 어둠의 장막이 찢어진 통곡의 별이여
나의 집으로, 나의 조국으로 나를
돌아가게 해 주십시오!

욥의 아이들은 시간을 지키는 사람들입니까?
그들은 유프라테스와 티그리스가 만나는
샤뚤 아랍의 어둠 속에서
고아들의 땅을 잃었습니다
예전처럼 욥에게 돌아온 주여
자이쿠르, 태양, 야자수 사이를 뛰어 다니는 아이들
그의 아내가 지나간다, 미소 짓는다
문을 바라본다, 문 두드리는 소리가
들릴 때마다 달려간다
그가 지팡이도 없이 걸어서
돌아오나 보다!

런던에서는 밤이 죽고
죽음의 고통은 잠들지 않는다
추위와 분노
검은 낯설음이 마음의 암흑 속에 있다
주여, 조국으로 돌아갈 수 있게 해 주소서
내 영혼이 숨을 쉰다, 흙 내음이 나에게 퍼졌다
물 깊은 곳에서 피가 흘러나온다
먼지 속에 있는 사람들 사이에
나를 묻게 하소서
그건 당신으로부터 나오기 때문입니다
나에게 병은 달콤한 것
나는 당신이 원하는 것에 반대하지 않습니다
돈? 일용할 양식이 당신으로부터
충분히 나올 것이기 때문입니다

그러나 죽은 이들이 죽음의 잠으로부터
깨어났다고 말하는 것은 말도 안 됩니다
벌레가 피를 얼마나 빨아먹었으며
어둠이 눈의 카펫을 얼마나 늘였는지!
나는 나을 것입니다, 내 마음에
상처를 입혔던 모든 것을 잊을 것입니다
나의 거만함이 발가벗겨졌다
그러자 그 거만함이 떨고 밤이 내려앉았다
나는 오전에 자이쿠르로 걸어 갈 것입니다!

하늘 사막으로부터,
빙하기로부터, 무덤으로부터 내리며 내리며
공기가 잠을 잤다
눈이여, 세월의 수다들이여
불쌍한 이들의 통곡이 모든 동굴에
세월의 산들에 침투하라
행인들의 얼굴들에 불꽃이 되어라
희망의 색으로 두려움을 덮어라

눈이여, 당신을 찬양합니다
나는 춥고 배고픈 나라의
술에 취한 이방인
나에게는 어린 시절 그곳에서 바위와 뒹굴던
사랑하는 이라크에 집이 있습니다
아, 병이여 만일 네가 아니었다면
나는 내 집을 지겨워하지 않았을 텐데
담에 피었던 꽃들을, 집 모퉁이에서 싸움을 하던
참새들을 그냥 내버려두지 않았을 텐데
하루가, 한 달이, 일 년이 지났다

세월은 끝없는 추락
대지가 깊은 한숨을 쉬고 하늘이 통곡한다
주여, 내가 집으로 돌아갈 수 있을까요?
나는 수없이 팔을 뻗고 갈비뼈들 덮개를 부순다
나는 먼 곳을 건드리거나 세월을 얻지 않는다
영혼 위의 무언가가 먼지와 어둠이 달려간다
예언의 시대가 꿈을 삼켜버리지 않았기를
기적들이 여백들을 물들였고 원래의 모습이 되었다

나는 죽음이 비난하는 이로부터 흩어지기를
석양이 질 때 오솔길을 따라가기를 바란다
천천히 문을 두드리지 않는다 어둠을 통과해
죽음의 지하로부터 돌아오는 이 누구인가?
당신은 나를 믿지 못할 것입니다
그녀의 두 팔이 문에서
떨어진다, 그녀의 두 뺨이 창백해진다
놀라서 달린다, 내 무덤을 향해
오솔길들을 묶는다, 파편이 무덤을 만져도
그것을 삼킨다

도착이여, 나의 귀환을 포기하지 마
내가 문을 두드리기 전 소리를 지른다, 비난하는 이가
어둠과 눈물의 나라들로부터 돌아왔다
그 나라의 벽은 소금이었고 피였고 재였다
죽음이 아프게 때렸던 내 이마에 키스를 하라
파괴와 내세를 목격했던 눈들을 바라보아라
나는 돌아왔다 별들이 빛 사다리를 말아 올리면서
안개를 가로지르라고 말한다 할지라도
나는 집을 떠나지 않을 것이다

벌거벗은 몸뚱이 유령이
식욕이 왕성한 자궁을 가진 빨간 아궁이로부터
불의 파도를 짊어지고 나를 공격한다

파도의 모든 변화 속에는 심장의 맥박이 있다
구른다 벌거벗은 두 가슴, 목과 무릎이 분명해졌다
옆으로 나를 향해 구른다
구른다 그리고 내 갈비뼈들을 친다, 정맥들이 흥분된다
피가 이마를 향해 튀어 오른다, 소용돌이가 나를 벗긴다
어금니들이 딱딱거린다 뱃사람들의 두려움을
압도한다, 파도가 바다괴물처럼
깊은 한숨을 쉬기 시작한다.
묻혀있는 아담이 나에게 소리친다, 나는
벗고 있는 게 좋아
영원의 정원으로부터 나를 쫓아내고
이브를 뒤따라 달려
나는 당신을 원합니다
나에게 물을 주지 않는 내 상상 속의 신기루여
나는 당신을 원합니다 얼마 후 파도가 사라지고
불로 만들어진, 소망과 기억으로 만들어진
방울들이 시체들을 날린다.

벌거벗은 몸뚱이가 왔다
식욕이 왕성한 자궁을 가진 빨간 아궁이로부터
불로 된 파도 위에 상상을 짊어지고 왔다

그가 나에게 몸을 구부린다, 나는 마치 떨어지듯이
그것을 쥐어짠다
그는 내 거절을 불꽃으로 된 왕관의 파괴를
이기지 못한다(전문)

7. 맺음말

사이얍은 비극적인 삶을 살다 간 천재시인이었으며, 그에게 있어 시는 삶 그 자체였다.

사이얍은 T. S. 엘리엇의 《황무지》를 긍정적이고 적극적으로 수용하여 현대 아랍 자유시의 형성에 결정적으로 기여하였다. 사이얍은 '황무지' 속에서 희망을 노래한 엘리엇의 주제, 형식, 기법을 수용하여 아랍인들의 상황에 맞게 창조적으로 변화시켜 사용하였다. 또한 시인은 신화와 원형을 통해 자신의 개인적인 고통을 1948년 팔레스타인 패망 이후 아무런 희망도 없이 절망에 빠져 허우적거리고 있는 아랍 동포들의 일반적인 고통으로 승화시켰다.

사이얍은 38년이라는 짧은 삶 동안 낭만주의에서 시작해, 사회주의-사실주의를 거쳐, 상징주의로 나아갔으며, 인생 말기에는 실존주의로 귀착했다. 그의 삶의 궤적은 바로 아랍인들의 삶의 궤적이었으며, 그의 시는 자신과 아랍인들 모두의 삶에 관한 진솔한 표현이었다.

《사이얍의 대표시들》

〈강과 죽음〉

부와이브[28]
부와이브
탑의 종(鐘)들이 깊은 바다에서 사라졌다
항아리엔 물이 있고 나무 위엔 석양이 있다
항아리가 비의 종들을 적신다
크리스털이 통곡 속에 녹는다.
부와이브 부와이브여!
내 피 속에서 너를 향한 열망이 어두워진다
부와이브여
비처럼 슬픈 나의 강이여
할 수만 있다면 난 어둠 속을 달려가고 싶다
난 너에게 맹세를 하는 것처럼
모든 손가락으로 더욱 세게 붙잡아
밀로부터 꽃들로부터
그 해의 소망을 운반한다
할 수만 있다면 난 달빛을 맞으며
언덕 위에서 아래를 굽어보고 싶다
너의 강둑 사이를 헤엄친다, 어둠을 경작한다
물로, 물고기들로, 꽃으로
바구니를 채운다.
할 수만 있다면 난 너에게 뛰어들고 싶다
달을 따라가고 싶다

---

28) 부와이브는 사이얍의 고향인 자이쿠르에 있던 작은 강 이름이다.

깊은 곳에서 울리는 돌멩이 소리를
나무 위에 있는 수 천 마리 참새들이
재잘거리는 소리를 듣고 싶다.
넌 눈물의 숲인가, 강인가?
잠 못 이루는 물고기는 새벽잠을 자나?
이 별들은 계속
수 천 개의 바늘에게 비단을 먹이로 주기를 기다리나?
너 부와이브여
할 수만 있다면 난 너에게 뛰어들고 싶다
조개를 줍고 집을 짓고 싶다
물과 나무가 녹색을 뿜어내
별들과 달을 적신다
난 썰물과 함께 바다로 달려간다!
죽음은 이상한 세상, 어린아이들을 유혹한다.
그의 문이 너에게 숨어있다, 부와이브여

부와이브 부와이브여
운명처럼 한 해 한 해가 20년이 지나갔다
오늘 어둠이 덮이면
난 자지도 않고 침대에서 뒹군다
새벽에 깨어나는 키 큰 나무처럼
가는 가지들, 새들과 열매처럼 예민해진다
난 피와 눈물이 마치 비처럼
슬픈 세상을 적시고 있다고 느낀다
내 정맥 속에 있는 죽음의 종들이 떨며 통곡한다
내 피 속에서
뼈를 태우는 지옥처럼, 죽음의 차가움으로
내 깊은 가슴을 쪼개는 총알에 대한 열망이 어두워진다.
할 수만 있다면 난 전사들을 도우러 달려가고 싶다
더욱더 강하게 나를 붙잡고 운명을 거역한다

할 수만 있다면
인류와 함께 짐을 옮기기 위해
삶을 소생시키기 위해
내 피 속 깊이 뛰어들고 싶다.
죽음은 진정한 승리!

〈걸프만의 이방인〉

바람이 악몽처럼 한낮의 열기를 내뿜는다.
늦은 오후 출항을 위해 계속
감겼다 펼쳐졌다 하는 돛 위에
거의 맨발의 뱃사람들로 걸프만이 북적댄다.
모래 위에, 걸프에
이방인이 앉아 있다. 불안한 눈길로
걸프를 바라보고 있다.
오열로 인해 끓어오른 무언가에 빛기둥들이 파괴된다.
파도의 꼭대기에서 거품이 몰려오고
어머니를 여읜 마음 깊숙한 곳에서 외침이 터져 나온다,
이라크.
홍수처럼, 구름처럼, 눈에서 차오르는
눈물처럼 높아진다.
바람이 내게 소리친다, 이라크.
파도가 내게 외친다, 이라크, 이라크, 바로 너 이라크!
바다는 실제보다 더 넓고
너는 실제보다 더 멀리 있구나.
이라크, 너에게 바다는 없어.
어제는 내가 커피숍에 들렀어.
이라크야, 너에 대한 소식을 들었어.

옛날에 넌 유성이었지.
넌 어둠 속에 있는 엄마의 얼굴 같았어.
그녀의 목소리는 내가 잠들 때까지
꿈결처럼 밀려왔지.
넌 해가 지고 어두워지면
내가 무서워하는 야자나무였어.
오솔길은 유괴한 아이들을
돌려주지 않는 유령들로 가득 차 있었지.
넌 아름다운 연인 아프라 앞에서
어떻게 종달새가 떠났는지
그가 그녀를 어떻게 차지했는지 등
시인이었던 우르와 븐 알히잠에 관해
무언가를 속삭이는 주책 맞은 사막이었어.
자흐라, 넌 ,넌 기억하니,
화로바닥과 다투던 활활 타는 우리의 불꽃을?
삼촌이 이야기하던 죽은 왕들을?
넌 운명처럼 문 뒤에서
여자들에게 문을 닫았지.
손들은 네가 원하는 것에 복종한다, 왜냐하면
그건 남자들의 손이기 때문이다-
남자들은 피곤하지도 않은 듯 시끄럽게 떠들며
밤새도록 이야기하곤 했지.
넌 기억하니? 기억해?
우리는 여자들 이야기였기에
그런 슬픈 이야기들에도 행복했고 만족했었지.
인생과 세월 우리는 절정기,
우리는 그 둘 사이에 있는 두 개의 돛대.
그때는 먼지 밖에 없었나?
꿈과 유성은?
이 모든 것이 남아있다면 안락함은 어디에?

난 나의 영혼 이라크를 사랑했고 또한 널 사랑했다.

여보게 자네들, 등불과 나의 영혼들, 저녁이 왔어

밤이 뒤덮였어, 어둠에다 불을 켭시다.

나는 길을 잃지 않는다.

만일 당신이 낯선 나라에 있는 나에게 왔더라면

만남이 끝나지 않았을 텐데!

너와 이라크는 바로 내 손에서 만났을 텐데!

그를 향한 열망이

마치 내 모든 피가 끓어오르는 듯

나를 놀라게 했다.

그를 향한 배고픔 공기 속에 가라앉아 있는

모든 피의 굶주림 같다.

어둠 속에서 탄생을 향해 목을 쭉 늘였을 새싹의 갈망!

배신자들은 놀라워!

사람이 조국을 어떻게 배신할 수 있나?

존재의 의미를 배신한다면 어떻게 존재가 가능하나?

태양은 다른 곳보다 내 조국에서 더 아름답다, 어둠은

– 어둠조차도 – 그곳에선 아름답다, 왜냐하면

이라크를 포옹하기 때문이다.

제기랄, 나는 언제 잠을 자나.

이라크야 넌 여름날 밤 베개 위에

너의 향기가 덮여 있는 것을 느낄 수 있니?

나는 무서운 마을들과 낯선 도시들 사이를 걸어갈 때

너 사랑스런 땅을 노래했다.

나는 유랑지에서 십자가를 끌고 가는 예수.

굶주린 이들의 발걸음 소리를 들었다.

내 두 눈에서

너에게서 그녀의 발에서 먼지가 흩어진다.

나는 낯선 태양아래서

먼지 낀 두 발로 머리를 헝클인 채

낡은 넝마를 펄럭이며
이방인 거지의 수치심과 열병으로 누렇게 뜬 채
오솔길을 걷고 있다.
낯선 이들이 경멸과 비난과 혐오
동정의 눈으로 바라본다.
죽음이 동정보다 더 쉽다.
낯선 이들의 동정의 눈들이
물방울들 미네랄을 쥐어짠다!
떨어지게 하자, 너 방울들, 피, 돈이여,
바람아, 나를 위해 돛을 바느질하는 바늘아
- 난 언제나 이라크로 돌아갈 수 있을까?
걸프만을 기웃거리는
노를 현기증 나게 한 파도여,
거대한 별이여 돈이여!
승객들이 항해로부터 돌아오지 못한다면
지구에 넓은 수평선 같은 바다가 없다면!
돈아, 나는 계속해 돈을 센다,
나는 너를 더 많이 가질 거야.
돈아, 나는 계속해 돈을 잃고,
내가 유랑생활을 하는 동안 넌 울었다.
나는 너의 빛으로 다른 해변에 있는
나의 창문에 나의 문에 계속 불을 밝힌다.
돈아, 나에게 이야기해 주렴,
내가 언제 돌아갈 수 있을지?
내가 언제 돌아갈 수 있을지.
넌 내가 죽기 전에 행복한 날이 올 꺼라 생각하니?
나는 그날 아침엔 벌떡 일어날 거야. 하늘에는
조각구름, 아버지의 향기를 가득 실은
서늘한 산들바람이 있겠지.
나는 하품으로 비단 커텐 같은 잠을

쫓아낸다. 명확하지 않은 것과 명확한 것을,
내가 잊었던 것과 잊지 않은 것을,
확실치 않은 것을 드러낸다.
나를 위해 불을 밝힌다.
- 나는 옷을 입기 위해 손을 뻗는다.
왜 숨겨진 기쁨은 안개처럼
내 영혼의 심연을 채우지 못할까?
나는 어두운 내 영혼 속에서 그 대답을 찾지 못했다.
오늘 - 행복이 나에게 밀려와 나를 놀라게 한다.
- 난 돌아갈 거야!

제기랄 난 이라크로 영원히 돌아가지 못할 거야!
돈이 없어 가난했던 그 사람은
돌아갔을까? 배고프다고 다 먹으면
어떻게 돈을 모으나? 친절한 사람들이
준 것을 쓰나? 음식을?
이라크를 향해 울었다.
너에겐 눈물밖에 없다.
바람을, 돛을 하염없이 기다리는 수밖에 없다!

(1953년, 쿠웨이트에서)

〈비가 없는 도시〉

불꽃 없는 불이 우리 도시의 밤잠을 방해한다.
도시의 길과 집을 달군다, 얼마 후 열기가 사라진다.
황혼이 구름으로부터 가져온 것으로
전 도시를 물들인다
그러자 불꽃이 날아다니고

도시의 주검들이 달려오기 시작한다.
포도나무 정자 아래의 진흙 침대로부터 깨어났다.
탐무즈가 깨어났다.
도시를 지키기 위해 녹색의 바벨로 돌아왔다.
바벨의 북들이 울리고
탑을 스치는 바람 소리가, 병자들의 신음소리가
도시를 덮기 시작한다.
이시타르의 방들에 있는
도기 화로들은 여전히 불이 없이 텅 비어 있다.
늪에 있는 갈대의 모든 성대들이 소리를 지르는 듯
저주의 소리가 높아진다.
기절할 듯 힘들어하며
피의 여신, 바벨의 빵, 3월의 태양이 돌아온다.
우리는 이방인들처럼
그녀의 선물에 관해 묻기 위해
이 집 저 집을 기웃거린다.
우리는 배가 고프다 참 안되었구나!
그녀의 두 손은 텅 비어 있다.
그녀의 두 손은 굳어 있다.
금(金)처럼 차갑다.
비는 오지 않고 구름, 천둥, 번개만이 있다.
우리는 그녀를 돌보며 일 년 또 일 년을 보냈다.
바람이 태풍 같다, 태풍처럼 지나가지 않는다.
조용하지 않다.
우리는 무서워 잠에서 깨어난다.
우리의 주인들이 차가운 눈으로 바라본다.
당신들의 눈은 돌(石)
우리는 당신들의 눈이 복수가 아니라
마치 메두사의 눈처럼 우리를 돌로 만들기 위해
어둠 속에서 퍼져나가는 것을 느낀다.

우리의 눈동자를 조금씩 집어삼키는 맷돌처럼
눈이 천천히 돌아간다.
우리가 좋아할 때까지
당신들의 눈은 우리의 손으로
내 손이 할 수 없는 것으로 만들었던
담쟁이 넝쿨 같은 돌(石)
슬픈 우리의 뺨은 이시타르를 잊는다.
물은 점점 생명체로부터 줄어들고
포도 나뭇가지들이 하나 둘씩 말라버린다.
서서히 우리의 죽음이 빛과 어둠 사이로 스며든다.
이가 없는 턱뼈를 참고 견디는 사자에게 재앙이 있기를!
번갯불이 그의 두 눈에 있나
사원의 불꽃으로부터 나오나?
그의 두 눈에는 두 개의 향로들이 있나
이시타르를 위한 항아리들이 있나?
두 개의 창문은 검은 왕국으로부터 오나.
그곳은 매년 불에 댄 상처를
돌아가는 세상의 상처를 운반한다.
그를 구원하는 사람과
매년 그곳으로부터 구원을 받는 이가
꽃들과 비를 가지고 돌아온다.
우리는 그의 손을 회복시키기 위해
그 손에 상처를 입혔나?
우리가 생각했던 것보다 많은 세월이 흘렀다
한 방울 비도 없이
한 송이 꽃도 없이
열매도 없이 마치 우리의 대추야자가 황폐해지고
우리가 그 아래서 시들어 죽기 위해
우상들을 세운 것 같다.
우리의 주인이 우리를 피한다. 무덤아

너의 진흙 평원에는 항아리의 흔적이 남아있니?

주인의 피 찌꺼기가 있니? 그의 씨앗은?

어제 우리는 배가 고팠다.

그래서 그의 정원들을 죽여 버렸다.

우리는 개미집들로부터 곳간으로부터 질경이와 귀리를

우리가 경작했던 군중들을 훔쳤다.

우리는 그의 맹세를 완성시켰다.

우리를 위해 완성시키지 않았다.

바벨의 어린아이들이 무화과 바구니를

진흙 과일을, 이시타르의 희생을 옮기기 시작했다.

갑자기 번개가

물, 초원, 불의 그림자를

불쌍한 작고 둥근 그들의 얼굴들을 비춘다.

꽃 들판이 윙크하며 열리려 한다.

천 마리의 나비가 지평선에 뿌려져 있는 듯 반짝거렸다.

그들이 기록한 노래

우리 동생들의 무덤들이 우리를 부른다.

우리들의 손들이 너를 찾는다.

두려움이 우리 마음에 꽉 차 있기 때문이다.

3월 봄바람이 우리의 요람들을 흔든다.

우리를 부르는 무서운 소리가 들린다.

우리는 배가 고파 어둠 속에서 떨고 있다.

우리는 밤에 우리를 먹여주고 덮어줄 손을 찾는다.

우리는 파괴된 우리의 눈을 맨손으로 감싼다.

우리는 어둠 속에서 너를 가슴을, 그의 꿈을 찾는다.

그녀의 가슴은 커다란 지평선, 그녀의 가슴은 구름

너는 우리의 흐느낌을 들었다 너는 우리가

어떻게 죽는지 보았다. 우리에게 마실 물을 줘!

우리는 죽는다.

너는 그에게 마실 물을 주었는가.

동정심이 없고 냉정하다.

우리들의 선조가 있다.

우리를 자유롭게 하는 이 누구인가?

우리에게 생명을 준 이 누구인가?

누가 그를 죽게 하는가? 그의 살에 연회를 베푸는가?

하늘에는 수선화 같은 불로 만든 번개가 친다.

바벨 위에서 하늘이 열린다.

빛이 우리의 계곡을 비춘다.

불꽃이 우리 대지의 밑바닥에 침투했다.

모든 씨앗들과 뿌리들로

모든 죽음으로 그 옷을 벗겼다.

바벨이 뜨거운 열 주위로, 갈증 난 흙 주위로 올라간 뒤

구름이 기둥과 벽들로부터 흘러내렸다.

이 벽들에 물을 주지 않았더라면!

우리는 영원히 천둥과 천둥 사이에서

귀를 기울이고 들었다.

대추야자는 눈물이 흐르는

뺨 아래서 부산을 떨지 않는다.

바람은 나뭇가지들이 젖어 있는 곳을 속삭이지 않았다.

그러나 오른손으로 발들과 손들이 치는 소리를

커다란 웃음소리 작은 한숨소리를 붙잡았다.

달 위에서, 별 위에서

구름 선물 위에서 나비처럼 펄럭인다.

물의 떨림 위에서 바벨이

죄로 인해 씻겨 내려갈 것이라는 사실을

미풍이 한 방울의 물에게 속삭였다!

〈사랑이었나〉

당신은 그를 불같은 사랑을 주었던 이라 부릅니까?
나의 안전에 미친 이라
열정을 주었던 이라 부릅니까?
사랑이란 무엇입니까? 통곡입니까, 미소입니까?
뜨거운 갈비뼈의 떨림입니까.
우리의 두 눈이 만나면
나는 물을 내려 주지 않는 하늘로부터
도망치며 내 열망에 고개를 숙였을 텐데
만나지 못하면?
하늘은 물을 내려 갈증을 없앴을 텐데.

만일 갈색 눈들이 내 숲 속 그림자가 된다면
끝까지는 아니라도
내 친구들의 손에 있는 컵들이 말랐을 텐데.
컵이여, 술 취한 너의 가장자리에
언젠가 우리의 두 입술이
떨며 불타며 만날 장소를 준비하라
그림자가 지평선으로 멀어진다 퍼진다 가까워진다.

당신이 멀리서 가까이서
사랑에 화답하지 않는다 하더라도
상사병에 걸린 내 마음은 얼마나 원하는지
오, 당신이 만일 만나기 전에
연인이 누구인지를 알지 못했었다면!
너의 입술을 스쳐갔던 어떤 약점이
불평을 터뜨리나?
그러나 나는 그녀의 사랑에 대한
질문의 의미를 모르겠습니다.

사랑아, 그것이 사랑의 일부입니까?

나는 만날 때부터 사라질 것이 의심스러운
찬란한 빛을 시기합니다.
다채로운 색깔의 이른 아침 하늘은 한 번씩
머리에 넓은 리본을 달고
자주색으로 물듭니다.
내 마음이 죄수들에게 한줄기 섬광이었으면 좋겠습니다.
이 모든 것이 사랑입니까?
나에게 알려주십시오(29/11/1947).

〈십자가 이후의 예수〉

그들이 나를 끌어내렸을 때 나는
야자나무를 스쳐지나 점점 멀어지는
바람의 긴 통곡소리를 들었다.
정오에 그들이 내게 못질을 한
상처들과 십자가가
나를 죽이지 못했다. 나는
침몰하고 있는 배를 잡아당기는 밧줄처럼
나와 도시 사이 들판을 가로질러 달려가는
통곡소리를 들었다.
쓸쓸한 겨울 하늘
아침과 어둠 사이의 빛줄기 같은 슬픈 소리를
들었다.
얼마 후 도시는 꾸벅꾸벅 졸기 시작했다.

뽕나무와 오렌지 나무들이 꽃을 피우면
자이쿠르 마을이 상상의 한계를 뛰어넘어

풀과 함께 번성하고 그 향기가 노래를 부르면
태양은 그 빛으로 젖을 먹인다.
밤의 어둠이 녹색이 되면
따스한 온기가 내 심장을 감싸고 내 피가
그의 흙으로 달려간다.
내 심장은 빛으로 고동치는 태양
내 심장은 밀과 꽃, 깨끗한 물로 고동치는 대지
내 심장은 물, 내 심장은 죽음이 부활인
밀 이삭, 그것을 먹는 사람에게서 부활한다.
빵을 만드는 반죽 속에서 부활한다.
작은 가슴처럼 생명의 가슴처럼 부풀어 오른다.
나는 불에 죽었다 육체의 어둠을 불태웠다.
그러나 신은 감동하지 않았다.
시작이었다.
시작에는 가난한 사람들이 있었다.
나는 죽었다.
그래서 식사가 내 이름으로 시작되고
그들이 알맞은 때에 나를 심는지도 모른다.
나는 얼마나 오래 살까? 모든 무덤 속에서
나는 미래가 되었고 내 핏방울을 가지고 있는
모든 심장에서 씨앗이,
세대가 되었다.

내가 돌아오자 유다는 나를 보고
얼굴이 하얘졌다.
나를 보자 그림자처럼 희미한 그의 눈물 자국 속에서
죽음이 드러나는 것을 두려워하는
풀죽은 동상처럼 어두워졌다.
그의 눈빛이 흔들렸다.
그가 사람들로 된 무덤을 바라본다.

그 온기가 두려워, 그것을 실현하지 못할 것이 두려워

그는 모든 것을 말했다.

"당신께서! 나의 그림자를 하얗게 만들었나요

빛과 함께 흩었나요?

당신께서는 죽음의 세계로부터 일어납니다, 그러나

죽음은 언젠가는 옵니다!

우리 아버지들이 그렇게 말했고 우리에게

그렇게 가르쳤습니다, 그것이 틀렸나요?"

그가 나를 보았을 때 그렇게 생각했고

그의 눈빛이 그렇게 말했다.

바쁜 발걸음 발걸음들

무덤이 이들 발걸음들 아래서 무너질 것이다.

그들이 왔는가? 그들은 누구?

또 다른 발걸음 소리.

나는 내 가슴에 바위를 얹는다.

그들이 어제 나를 십자가에 못 박지 않았나?

나는 여기 무덤 속에 있다.

그들을 오게 그냥 둬.

나는 무덤 속에 있다.

내가 누구라는 걸

누가 알겠어. 누가 알겠어?

유다의 친구들은 자신들이 주장한 것을 믿을까?

발걸음 소리. 발걸음 소리.

나는 지금 어두운 무덤 속에서 발가벗고 있다.

어제 나는 의심처럼 꽃봉오리처럼 웅크리고 있었다.

핏빛 꽃들이 나의 하얀 수의(壽衣) 아래로 떨어졌다.

나는 밤과 낮 사이의 그림자 같았다.

나는 나의 본체를 쏟아지는 보물들 속에서 폭발시켰고

과일처럼 그 껍질을 벗겨냈다.

내가 주머니를 잘라 강보를 만들고 소매를 잘라
담요를 말들 때
어느 날 내가 내 살로 아이들의 뼈들을 따뜻하게 할 때
내가 다른 이들의 상처를 감싸기 위해
내 상처의 붕대를 풀 때
신과 나 사이의 벽이 무너질 것이다.

군인들이 내 상처에, 내 심장 소리에 놀랐다.
무덤에서도 죽지 않았다는 사실에 놀랐다.
그들은 적막한 마을의 열매가 주렁주렁 열린 야자나무가
한 떼의 배고픈 새들에게 놀란 것처럼
나를 보고 놀랐다.

총부리들이 내 앞길을 가로막는다.
그들은 불로, 쇠와 불로
나를 십자가에 못 박으려는 음모를 꾸민다.
그러나 내 백성들의 눈들인 하늘빛이
기억과 사랑이
나를 위해 짐을 지고
내 십자가를 눈물로 적신다.
죽음은, 나의 죽음은 얼마나 위대한지!

그들이 나에게 못질을 한 후 나는
도시로 눈길을 돌렸다.
들판이나 성벽 또는 묘지를 거의
구분할 수 없었다.
눈길이 닿을 수 있는 먼 곳의 무성한 숲처럼
십자가와 슬픈 어머니가 있었다.
주여, 도시의 아이들을
축복하소서! (1957년 여름)

〈이방인이기 때문입니다.〉

왜냐하면 나는 이방인이기 때문입니다.
왜냐하면 사랑하는 이라크가
먼 곳에 있기 때문입니다. 나는 여기서 그를 그녀를
갈망하고 있습니다. 나는 소리쳐 부릅니다, 이라크.
나의 외침이 통곡으로,
통곡이 메아리로 돌아옵니다.
나는 내가 경계를 넘어
내 외침에 대답하지 않는
파괴의 세계로 뻗어가고 있음을 느낍니다.
내가 가지들을 흔들었더라면
파괴만이 떨어질 텐데.
돌들.
돌들. 열매들이 없다.
눈들조차도
돌, 시원한 공기조차도
피에 젖은 돌.
나의 외침도 돌, 내 입은 바위,
내 두 다리는 황무지를 헤매는 바람.

(1963/4/15, 베이루트)

〈자이쿠르의 탐무즈〉

멧돼지의 송곳니가 내 손을 찢는다.
그의 불꽃이 내 심장으로 달려든다.
내 피가 쏟아진다, 흐른다.
그는 아침으로 아네모네나 밀을 먹지 않았다.

소금을 먹었다.

이시타르. 옷이 떨리고

내 앞에서 풀들이 번쩍거린다.

샌들에서 번개처럼 떨리고

마른번개처럼 흐른다.

내 정맥에서 빛이 번쩍거리면

날 위해 세상을 비출 텐데!

내가 깨어난다면 내가 살아난다면!

내가 물을 준다면!

오, 내가 물을 준다면!

만일 나의 정맥들이 포도들이라면!

이시타르가 내 입에 키스를 할 텐데.

마치 그녀의 입술 위에 어둠이 있는 것처럼

나에게 몰려온다, 겹쳐진다.

나와 어둠이

반짝거리는 내 눈에서 죽는다.

자이쿠르, 자이쿠르는 태어날 것이다.

빛이, 빛이 생겨날 것이다.

자이쿠르는 상처로부터

죽음의 고통으로부터, 불로부터 태어날 것이다.

타작마당이 밀을 쏟아낼 것이다.

곳간이 아침을 향해 웃을 것이다.

마을 집집마다

흥겨운 노랫가락들이 물밀 듯이 밀려온다.

노인이 언덕 위에서 잠을 자나?

대추야자가 내 비밀들을 속삭인다.

자이쿠르가 태어날 것이다. 그러나 나는

내 감옥에서 나가지 않을 것이다.

펼쳐진 진흙의 밤에

내 심장은 노랫가락처럼 뛰지 않을 것이다.
악기의 현들에서
벌레도 없이 떨리지 않을 것이다.

무슨 소리야, 자이쿠르가
탄생의 충격도 없이 태어난다고?
말도 안돼. 빛이 퍼져 나오고
내 피가 계곡에서 더러워지는가?
그곳에서 참새가 울고
나의 혀가 한 다발의 막대기들이란 말인가?
들판은 언제 밀을, 장미를
생산하나. 나의 상처는 아물고
나의 뼈는 바짝 말라있다. 소금을?
무(無) 존재는 단지 무(無) 존재일 뿐이며
죽음은 죽음이다.
내 정맥들이 흙을 먹기 위해
밤이여, 나는 계속 피를 흘리나?
말도 안 돼. 자이쿠르가
밤으로 뒤덮인 멧돼지의 증오로부터 태어나고
키스는 살해의 새싹이며
구름은 넓게 펼쳐져 있는 모래인가,
자이쿠르야?

〈바벨의 케로베로스〉

파괴된 슬픈 바벨의
오솔길에서 지옥문을 지키는 머리가 넷 달린 개
케로베로스가 울부짖는다.

그의 잠잠[29])이 하늘을 채운다.

그가 송곳니로 아이들을 찢는다, 뼈들을 갉아 먹는다.

심장을 마신다.

그의 두 눈은 어둠 속의 유성(流星)

무시무시한 턱뼈는 파멸을 숨기고 있는

칼 같은 파도.

끔찍한 세 개의 턱뼈들이 불타오른다.

이라크에서 불타오른다.

산길에서 케로베로스가 울부짖는다.

숨겨진 우리의 신을, 상처 입은 우리의 탐무즈를

찾아 땅을 파헤친다.

그를 먹는다, 그의 두 눈을

바다 밑바닥으로 가라앉힌다.

두 발로 그의 튼튼한 십자가를 부러뜨린다.

예인선을 부순다, 장미들과 형제를 흩어버린다.

깨어나면 그를 보호해라.

우리의 신은 젊다. 들판이 새싹을 틔우면

평원에 순 황금색의 타작마당을 뿌리면

칼을 뽑으면 천둥, 번개, 비가 폭발하면

그가 두 발로부터 홍수를 풀어놓는다.

오, 그가 돌아온다면 얼마나 좋을까!

우리의 이불은 흙

그 위에는 달에게서 온 피가 있다.

이라크 여자들의 가슴에서 온 진흙이 있다.

우리가 세월의 동굴로부터 빛을 발할 때

---

29) 잠잠은 사우디아라비아 메카의 하람 성원에 있는 성스런 샘물. 아랍인의
조상이라는 이스마일이 목이 말라 죽어갈 때 어머니 하가르가 물을 찾아
사파와 마르와라는 동산을 일곱 차례 돌다가 마침내 잠잠 우물을 발견했
으며, 그 이후부터 이를 기려 성지순례(핫지) 시 이 우물을 마시는 의식
을 행한다.

우리는 이라크를 본다. 마을 아이들이 질문을 한다,
"밀이 뭐야? 과일이 뭐야?"
"물이, 요람이, 신이, 인간이 뭐야?"
우리가 본 모든 것은
스며 나오는 피거나 밧줄, 구멍.
생명을 원했으며
아이들은 평화로웠나?
들판은 꽃을 피웠나?
비가 내렸나?
여자들과 남자들은 하늘이
계획하고 느끼고 불평을 보고 듣고
동정심을 느끼고 약한 이들에게 자비를 베풀고
죄를 용서하는 힘이 있다는 것을 믿었나?
마음들은 동정심을 느꼈고
"영혼들은 한 방울 한 방울 깨끗하게 떨어졌나?"
여신이 꽃 물 향기를
수확하기 시작했다
이시타르는 남과 북의 여주인
들판과 심연을 걷는다.
산길을 걷는다.
흩어져있는 탐무즈의 살을 줍는다.
과일처럼 바구니에 담는다.
그러나 지옥 바벨의 케로베로스는
그녀 뒤 오솔길을 기뻐하며 달려간다.
그녀의 발에 있는 신발을 찢는다.
부드러운 그녀의 무릎을 이빨로 물어뜯는다.
두 손을 물어뜯고 옷을 찢는다.
허리띠가 묵은 피로 얼룩진다.
새로운 피가 신음소리와 뒤섞인다.
케로베로스가 슬픈 여신을, 놀란 여신을

갈가리 찢기 위해
오솔길에서 울부짖는다.
"그녀의 피로부터 곡식들은 비옥해질 것이다.
신이 자랄 것이다. 흩어져 있는 조각들이
모아졌느냐? 피를 흘리는 자궁으로부터
빛이 태어날 것이다."

제 3 장

현대 아랍 자유시의 완성자, 압둘 와합 알바야티

(1926~1999)*

1. 머리말

압둘 와합 알바야티(이후로는 바야티)는 현대 아랍 자유시의 완성자이며[30], 신화와 역사적 원형을 사용함으로써 1948년 팔레스타인 패망 이후 절망에 빠져 있던 아랍인들에게 삶의 희망과 부활의 정신을 일깨우려 노력한 탐무즈 시인 그룹의 한 사람이었다. 또한 바야티는 산업화·공업화로 인해 수많은 농촌인구들이 생계를 위해 도시(바그다드)로 몰려들면서 초래되는 도시의 황폐화를 사실적으로 그려낸 사실주의 기법의 선구자이기도 했다. 바야티는 자신을 하늘의 불을 훔쳐 인간에게 준 '프로메테우스'라고 생각했다.

우선 탐무즈 그룹의 다른 시인들과 마찬가지로 바야티의 생애와 작품들을 가능한 한 자세히 서술하고자 한다. 그 이유는 이들 시인들이 현대 아랍세계를 대표하는 시인들임에도 불구하고 우리나라에는 거의 알려지지 않았기 때문이며, 한 사람의 아랍인으로 살아가야만 하는 삶의 질곡이 그들 시에 그대로 녹아 있기 때문이다. 다음으로 바야티의 시 세계를 현대 아랍 자유시의 완성자, 탐무즈 시인, 사실주의 기법의 선구자라는 3가지 특성으로 분류하고 각 특성을 작품을 통해 살펴볼 것이다.

---

* 이 글은 2001년도에 《아랍어와 아랍문학》 제5호에 게재되었으며, 일반 독자들을 위해 일부 내용을 수정하였다.

30) 가장 대표적인 현대 아랍 자유시 선구자들의 시 형식을 분석한 결과 바드르 샤키르 알사이얍, 유숩 알칼, 나직 알말라이카는 '정형시에 가까운 자유시'를 다수 지었으며, 아도니스가 다수의 산문시와 극시를 지은 반면, 바야티는 일관되게 자유시 형식으로만 시를 지었다.

2. 생애와 작품

바야티는 1926년 이라크 바그다드에서 12세기의 유명한 수피(Sufi)였던 압둘 까디르 알질라니(1078~1166)[31] 성소 근처에서 태어났으며, 계속 그곳에서 살았다. 바야티는 당시 유명한 시인과 작가들을 배출한 바그다드 사범대학(1944~50)을 졸업한 뒤 교편을 잡았으나(1950~53), 1954년 사회주의 사고방식과 이라크 독재 정부를 공격했다는 이유로 교직을 박탈당하고 당국의 추적을 받아 레바논, 시리아, 이집트, 오스트리아, 소련과 여러 유럽 국가들을 전전하는 고통스런 망명 생활(1954~1958)을 해야만 했다. 그는 1958년 이라크혁명[32]으로 독재 정권이 몰락하고 난 후 이라크로 돌아왔으며 모스크바 주재 이라크대사관 문화공보관으로 임명되었다. 이후 1961년 모스크바의 아세안 대학교의 강단에 서기 위해 외교관직을 그만두었고 1963년까지 모스크바에 체류하였다. 1963년 이라크로 돌아왔으나 좌익사상으로 인해 또다시 이라크를 떠날 수밖에 없었으며 1980년까지 카이로에 체류하며 시작활동을 하였다. 1980년에 스페인 마드리드 주재 외교관으로 임명되었으며 1990년 이라크가 쿠웨이트를 침공한 직후 외교관직을 스스로 사임하였다. 그 이후 요르단 암만에 체류했으며 1995년 사담 후세인 정부에 의해 이라크 시민권을 박탈당했다. 1996년부터

---

31) 알리의 후손으로 많은 기적을 행하였으며, 이후 그를 중심으로 이슬람 최초의 신비주의 교단인 '까디리야파'가 성립되었다.

32) 1958년 7월 14일 이라크에서 일어난 군사 쿠데타로서 하심 왕제를 타도하고 공화제를 수립하였다. 이라크 혁명의 의의는 왕제를 타도함으로써 영국 군사 지배와 봉건적 색채가 짙은 비 민주주의적 국가 체제를 와해시킨 데서 찾을 수 있다.

사망할 때까지 시리아의 다마스쿠스에 머물렀으며 1999년 8월 3일 73세의 나이로 다마스쿠스의 한 병원에서 심장병으로 사망했다. 유족으로는 아내와 세 명의 자식들이 있다.

바야티는 시작활동을 시작한 이래 모든 시를 자유시 형식으로 썼으며 사실주의적인 내용의 시를 일관성 있게 써 왔다. 그의 대표작들은 다음과 같다: 《천사들과 사탄들》(1950), 《부서진 항아리들》(1954), 《아이들과 올리브나무의 영광》(1956), 《망명지의 시들》(1957), 《베를린에서 쓴 20개의 시들》(1959), 《죽지 않는 말》(1960), 《자유의 길》(1962, 러시아어), 《녹색 달》(1963, 러시아어), 《불과 말》(1964), 《가난과 혁명의 서(書)》(1965), 《까시다들》(1965), 《오는 자와 오지 않는 자》(1966), 《삶의 죽음》(1968), 《나의 시 경험》(1968), 《죽은 개의 눈》(1969), 《슬픈 태양을 향한 통곡과 용병》(1969), 《진흙 위에 쓴 글》(1980), 《전문 정치가의 나날들》(1980).

또한 외국시를 아랍어로 번역하기도 하였으며 《니사푸르에서의 재판》(1963)이라는 극본을 쓰기도 했다.

3. 현대 아랍 자유시의 완성자

현대 아랍 자유시는 인간의 심리적 패턴과 잠재의식 속에 나타난 신화(神話)의 역할에 대한 현대적인 발견에 커다란 영향을 받은 원형(元型)의 시라고 해도 과언이 아니다. 인간의 영웅적 행동, 원형적 처벌과 고통에 맞서는 인내, 영웅심, 억압의 부당함에 대한 인식과 부단한 저항의 본질에 대한 은유적 인식이 현대 아랍 시인들에 의해 보편적인 문학 방식으로 해석되었으며, 명시적이든 암시적이든 신화들이 현대시의 정신에 침투하였다. 신화는 역사의 핵심을 표현할 수 있는 수단을 제공하였으며, 아랍의 비참한 현실과 아랍 역사의 수많은 비극적인 순간들을 결합할 수 있는 매개체 역할을 하였다. 또한 신화는 현재 아랍의 투쟁을 인간의 보편적이고 영원한 투쟁 역사의 한 장으로 존재할 수 있도록 만들었다.

따라서 현대 아랍 시인들은 신화와 원형에서 아랍인들과 아랍세계의 고통스런 순간을 표출할 수 있는 길을 발견하였으며 또한 죽음과 부활, 희생과 구원의 신화적 주제를 표현할 수 있는 새로운 시 형식을 찾으려고 노력했다.[33] 이에 현대 아랍 시인들은 T. S. 엘리엇이 죽음과 부활의 이미지를 표현하면서 《황무지》를 썼던 바로 그 형식인 자유시에서 해답을 발견하였다.[34] 현대 아랍 자유시 시인들은 까시다와 같이 보편적이며 타율적인 리듬을 가진 정형시 형식으로는 현대인의 사상이나 정서를 제대로 표현할 수 없으며, 개성적이고 주관적인 리듬을 가진 자유시 형식을 통해서만 그 표현이 가능하다고 보았다. 단일 율격, 단일 운, 2반행과 같은 엄격한 형식으로 시인의 자유와 창조성을 제한해왔던 까시다는 1948년 팔레스타인 붕괴 이후 계속된 아

---

33) 현대 아랍 자유시의 선구자이며 비평가인 나직 알말라이카는 새로운 시 형식을 요구하게 되는 요인을 다음의 네 가지 사회적 원인에 있다고 보았다. 첫째는 사회적 원인으로 사실주의 경향의 등장이다. 두 번째는 독립에 대한 갈망으로, 현대 시인들은 시 형식을 통해서 자신의 개성을 강조하기를 원했으며 자유시 형식을 통해 그 목적을 달성할 수 있었다. 세 번째는 이미 정해진 모형에 대한 반감으로, 시행의 길이조차도 규정하는 전통적 형식으로부터 자유롭기를 원했다. 마지막으로 네 번째는 현대 시인들이 형식보다는 주제를 중요하게 생각했다는 사실이다.

34) 1944년 〈리틀 기딩〉(Little Gidding)에 이어 엘리엇의 거의 모든 작품들이 아랍세계에 번역·소개되었다. 《황무지》는 1950년 루이스 아와드에 의해 번역된 이래 지속적으로 번역되었다.

랍세계의 혼란과 1967년 6일 전쟁과 같은 연속된 패배로 인한 아랍인들의 고통과 좌절, 절망을 표현하기에는 역부족이었다.

1950년대 현대 아랍 자유시 시인들은 10세기 이상 동안이나 까시다의 기본 율격이었던 16개 율격들 중 동일한 음보들이 반복되는 6개의 율격들[35]을 주로 사용하였다. 자유시는 시간이 흐르면서 꾸준히 증가하였으며 카밀(완전한) 율격이 가장 인기 있는 율격이었다. 시인들은 새로운 율격을 창안하기보다는 기존 16개 율격들의 기본 구성 요소인 음보를 변화시키거나, 새로운 음보를 창안하거나, 또는 기존 율격들의 음보들을 혼합하는 방식을 통해 전통 율격의 단조로움을 극복하고자 하였다. 다른 율격들의 음보들을 혼합하는 방식은 단일 율격을 고집한 까시다에서는 허용되지 않았던 방식이었다. 그러나 경직된 율격으로부터 탈피하려는 수많은 노력에도 불구하고 까시다의 율격에서 완전히 탈피하지는 못했다.

전통 운율(아루드)에 가해진 변화의 정도는 율격에서보다 운(韻)에서 훨씬 혁신적이었다. 운은 까시다의 필수 요소였으며, 최고의 훌륭한 시는 단일 운을 사용해야만 했다. 그러나 1920년대 이래로 서구시, 특히 프랑스 시와 영시의 영향과 부활된 안달루시야 시대의 유절시(有節詩)[36]인 무왓샤하트(Muwashshahat)와 자잘(Zajal)의 자극을

---

35) 하나의 음보로 구성된 순수 율격은 카밀(완전한 율격), 하자즈(지저귀는 율격), 라말(달리는 율격), 무즈탓쓰(잘린 율격), 무타까리브(잽싼 율격), 무타다리크(잇단 율격)이다.

36) 유절시(Strophic Verse)는 연(聯, stanza or verse) 혹은 절(節, strophe)이 있는 시란 의미이며, 이때 연 혹은 절은 일정한 운율적 구성으로 배열된 시의 단위이다. 즉, 유절시는 각 절이 같은 선율로 되어 있는 형식으로서, 시의 각 절은 제1절의 선율을 되풀이 한다. 영시의 스탠자(stanza) 형식과 안달루시야 시대의 무왓샤하트와 자잘 형식, 무즈다우와즈(2행 연구), 무살리사트(3행 연구), 루바이야트(4행 연구), 무캄마사트

받은 일단의 시인들은 까시다의 엄격한 단일 운의 전통을 부수려는 시도를 시작했고 결국 현대 아랍시에 다양한 운 체계를 소개하는 데 성공하였다. 대부분의 현대 자유시 시인들은 하나의 시에 여러 개의 운을 사용하는 등 여러 가지 방식의 운사용을 모색하였다. 무엇보다 바야티를 비롯한 일부 시인들은 운을 파괴한 이후에 나타날 시의 산문화를 막기 위한 대안으로 시행의 마지막에 동일한 시어를 반복하는 방식(이따)과 하나의 어휘나 문장을 원만히 끝내지 않고 다음 행으로 끊어내는 기법인 행 걸치기를 사용하였다. 또한 전통 운율의 공백을 채울 적합한 매개체로 엘리엇이 많이 사용했던 반복과 병렬의 기법을 사용하였다.

바야티는 〈내 아내에게 보내는 사랑의 편지〉에서 뒤이어 오는 시행에 좀 더 구체적인 의미를 첨가하는 반복 방식을 사용하였다. 이러한 반복은 의미의 갑작스런 변화로 독자에게 놀라움과 기쁨을 동시에 제공 한다.

당신의 두 눈은 금과 불로 된 램프
나의 비둘기: 금과 불
그리고 석류꽃
밤, 당신의 두 눈은 나의 망명지에서 작열한다.(8-11행)

〈버려진 정원〉에서는 메아리의 반복을 통한 생략의 유형을 사용하기도 하였다.

너! 빵 덩어리! 넌 참으로 무섭구나!
메아리가 답한다: 빵 덩어리! 무섭구나!
(27-8행)

_____

(5행 연구), 무삿디사트(6행 연구), 무삼마트(8행 연구) 등이 그것이다.

또한 바야티는 단일 운을 탈피하는 하나의 방법으로 〈죽음의 외
침〉[37] 외에도 수많은 시에서 행 걸치기를 실험하였다.[38]

> 잘 자!
> 그가 그녀의 머리에 입맞춤을 했다.
> 동생아, 잘 자!
> 나와 너의 푸른 하늘 사이엔
> 비참한 세대들이 있다.
> 잘 자!
> 공포의 빛깔로 된 세상으로부터 귀를 막았다.
> 그들은 먼지와 모래 위에서
> 마치 벌레가
> 주검들의 썩은 부위를 물어뜯듯
> 편견과 의심으로 살았다.
> 그들의 주검들은 어둠 속의 박쥐들
> 그들은 하늘의 불을 알지 못했다.
> 사랑의 고통을 알지 못했다.
> 그들의 여자들은
> 잠을 자며 살아가는 쥐들
> 나와 너의 푸른 하늘 사이에는
> 그들의 외침이 있다.
> 잘 자!(전문)

한편 〈왕비와 나이팅게일〉에서는 시 낭송에 장애를 줄 정도로 행
걸치기를 연속적으로 지나치게 남용하기도 하였다.

---

37) 아랍어 원문 상태에서는 여러 시행들에서 행 걸치기가 시도되었으나 우
　　리말 번역 상태에서는 명확히 드러나지 않고 있다.
38) 〈그녀의 영혼〉에서는 행 걸치기의 한 유형인 하나의 어휘를 갈라놓는 방
　　식을 사용하기도 하였다.

  또 다른 반복 방식으로 바야티는 전체적인 균형감을 유지하면서 동
시에 불규칙성을 유도하기 위해 시행의 순서를 바꾸어 반복하는 방식
을 실험하였다. 이러한 종류의 끝내기는 시에 깊이를 더하고 주제를
클라이막스로 이동시키는 효과를 창출하고 있다. 〈노래했던 남자〉와
그 외의 많은 시에서[39) 그 예를 볼 수 있다.

    테헤란의 문 위에서 우리는 그를 보았다
    우리는 그를 보았다
    노래하고 있는 그를
    여보게, 누이! 우리는 그가
    우마르 카이얌[40)이라고 생각했지
    그의 이마에는 깊은 상처가 있었고 입이 컸지.
    (개시연)

    테헤란의 문 위에서 우리는 그를 보았다,
    밤에 태양을 노래하는 그를
    죽음과 신을 노래하는 그를.
    그의 이마에는 깊은 상처가 있었고 입이 컸지.
    (마지막 연)

---

39) 연으로 된 〈가난한 자들의 외침〉에서 1연 중 첫 3행을 마지막 연에서 반
    복하며. 또한 2연으로 된 〈힌드에게로 떠남〉에서는 1연 중 첫 4행을 제2
    연에서 반복하고, 〈나를 조국으로 돌아가게 해주오〉에서는 첫 2행을 마
    지막에서 반복한다. 이외에도 〈나의 형제 시인들에게〉, 〈우리의 봄은 결
    코 죽지 않는다〉, 〈학살로부터 돌아온 사람들〉, 〈옥토〉, 〈북쪽 행 기차〉,
    〈돌아오는 길〉, 〈죽음의 외침〉, 〈가방 없는 여행자〉, 〈그녀의 영혼〉 그리
    고 〈죄수〉에서도 한 개나 혹은 여러 개의 첫 시행들을 마지막에서 반복
    하여 시의 통일성을 획득한다.
40) 우마르(오마르) 카이얌(1050~1122)은 압바시야 시대의 유명한 페르시아
    시인, 학자이며 '루바이야트'(4행시)로 유명하다.

바야티는 선율의 통합과 시인의 심정을 강조하기 위해, 의미와 사상을 반향하기 위해 운에 하나의 단어를 반복하는 유형을 선호하였다. 또 한편으론 소리의 사라짐을 반향하기 위해, 기원의 어조를 소개하기 위해, 앞선 시행의 의미를 설명하기 위해 운을 포함하고 있는 시행의 마지막 부분을 반복하는 유형을 사용하기도 하였다. 또한 통일성 획득, 율동 강조, 놀람을 유도하기 위해 점층법, 생략, 동의어, 반의어를 많이 사용하였으며, 독자에게 놀라움을 제공하기 위해 두 개의 시행들 사이에 하나의 음보를 걸쳐놓거나 하나의 단어를 갈라놓는 식의 행 걸치기도 사용하였다.

이러한 기법들은 매우 율동적인 전통 까시다의 형식을 탈피하면서도 시의 리듬을 창조하려는 노력의 일환이었다.

4. 탐무즈 시인

바야티는 주도적인 탐무즈 시인으로서, 시인(詩人)은 고통 받는 인류를 대신해 십자가를 진 '예수'와 같이 독재와 이산의 고통을 당하고 있는 아랍 동포들을 구원해야 하는 구세주의 임무를 띠고 있다고 생각했다.

〈동포에게 보내는 노래〉(대표시 란에 전문 수록)와 〈학살로부터 돌아온 사람들〉에 나타난 십자가와 예수는 고통을 당하는 아랍 동포들을 상징하고 있다.

나 홀로 여기 십자가에 못 박혀 있다.
거리의 노상강도들과 괴물들

하이에나들이 내 살을 먹는다.
불꽃을 만드는 이여!
사랑하는 동포여!
나는 홀로 십자가에 못 박혀 있네.

〈동포에게 보내는 노래〉: 1-5행

사자(死者)들이 세상으로 돌아온다면
그들은 꽃이 피어있는 우리의 땅에서
상처 입은 천 명의 예수를 감싸 안을 것이다.
그는 죽었다.
밤이 다가왔다.

〈학살로부터 돌아온 사람들〉: 15-20행

〈1957년으로〉(대표작 란에 전문 수록)의 예수는 이라크혁명 투사들
을 상징하며, 예수가 십자가를 지고 가는 것은 혁명 투사들이 감옥에
서 겪는 희생과 고통을 상징한다.

우리의 초록색 대지(大地)는 상처를 입은 채
진통을 겪고 있다.
대지는 수선화와 아침을 꿈꾸고
그들이 어두운 감옥 속에서 십자가를
지고 올 천 명의 예수들을 꿈꾼다..
그들은 많아 질 것이다
자손들을 낳을 것이다
자손들은 하나님의 땅에
쟈스민을 경작하고
영웅들과 성자들을 만들며
혁명가들을 만들 것이다.(18-27행)

또한 연작시 〈야파를 향한 송시들〉에서 예수는 조국 팔레스타인을 떠나 주변 아랍 형제국들을 떠도는 팔레스타인 피난민들을 상징하며, 예수의 고난은 이들 피난민들의 고된 삶을 상징하고 있다. 그러나 제5부 〈귀환〉에서 예수가 십자가를 벗어던지고 동포들과 함께 갈릴리로 돌아가는 꿈을 통해 조국으로의 귀환을 희망적으로 노래하고 있다.

> 당신들은 눈을 부릅뜨고
> 밤을 쫓는다.
> 별들 아래서 굶주리고 흩어진 형제들이여!
> 나는 장미와 눈물을
> 당신들이 가는 길에 뿌려주는 꿈을 꾸었던 것 같다.
> 예수가 당신들과 함께
> 십자가 없이 갈릴리로
> 돌아가는 것 같다.(전문)

바야티는 기독교 시인답게 주로 예수와 십자가, 욥, 카인과 같은 기독교 신화들을 많이 사용하였으나 〈유랑지에서〉에서는 자신의 조국에서 추방되어 돌아갈 희망도 없이 끝없이 유랑하는 아랍 민족주의자들 모두를 그리스 신화 속 인물인 시지프스로 상징하였다. 바위를 산꼭대기로 굴려 올리고 떨어지면 또다시 굴려 올려야만 하는 영원한 형벌을 받는 시지프스는 영원한 고통을 상징한다.

> 죽은 자들아,
> 우리는 사나운 맹수의 발톱으로부터 멀리
> 외로운 유랑지로부터 헛되이
> 도망치려 하고 있다.
> 방황하는 유랑지의 형상으로

새롭게 부활한 노예 시지프스가

계곡의 거대한 바위를 굴린다.(27-32행)

전술했듯이 바야티는 예수를 고통 받는 동포로, 시지프스를 고국에서 쫓겨나 타향을 떠돌아다니고 있는 자신과 민족주의자들을 상징하는 등 신화에서 빌려온 상징들을 대체로 부정적으로 사용하였다.

5. 사실주의 기법의 선구자

이슬람 이전 사막 중심의 부족사회에서는 자연 환경이 칭송의 대상이었으나 이슬람이 자리 잡기 시작한 이후부터는 점차 도시 중심으로 사회 구조가 변화되기 시작했다. 경제 활동이 도시 중심으로 이루어지고 인구와 재화가 도시로 집중되면서 도시가 동경의 대상이 되었다. 이러한 도시 중심의 사회 구조는 우마위야 시대(661~750), 압바시야 시대(750~1258)에도 지속되었으며, 19세기 말 이집트에서 활동한 신고전학파 시인들과 초기 낭만주의 시인들(디완 학파)에게 있어서도 도시는 파라다이스의 원천이었다. 그러나 이주 학파, 아폴로 학파 등 본격적인 아랍의 후기 낭만주의 시인들에게 도시는 순수, 조화, 자연의 축복을 상징하는 시골의 이미지와 대조되는 부정적인 이미지였다. 후기 낭만주의 시인들은 근대 도시의 공포로부터 벗어나 꿈같은 유토피아나 자연 그리고 자신들의 고향 마을로 도피했다.

20세기 중반 사회주의 사실주의의 영향을 받은 아랍 시인들은 도시와 시골의 문제들을 근본적이고 보편적인 문제로, 민족적이고 영구적인 문제로 인식하였다. 즉, 그들에게 있어서 도시와 시골의 문제는 개인적인 문제가 아니며, 또한 단순한 임시방편으로 해결되는 일시적인 문제가 아니었다.

한편, 도시(바그다드) 출신의 바야티에게 있어서 시골은 고통과 가난의 상징이었다. 그는 〈동네 시장〉(대표작 란에 전문 수록)에서 시골 마을 시장의 더러움, 더위, 굶주림, 가난, 꿈, 사람들과 짐승들의 시끄러운 소리, 농부들의 어리석음을 파노라마식으로 보여준다.

> 쨍쨍 내리쬐는 태양, 비쩍 마른 당나귀들, 파리들
> 낡은 군화.
> 농부의 손들이 움직인다, 공터를 바라본다.
> 신년 벽두에는
> 내 손이 반드시 돈으로 가득 찰 거야.
> 이 신발을 살 거야.
> 오리의 울음소리가 우리에서 도망쳤다. 어린 성자,
> 너의 피부를 손톱으로 긁지 마.
> 지옥으로 가는 길은
> 천국보다 더 가까워. 파리들과
> 피곤한 추수꾼들.(하략)

〈봄 이후에〉에서는 시골 농부들의 고통과 그들의 덧없는 수고를 그려내었다. 농부는 씨를 뿌리고 자신의 물 대신 피를 주지만 참새들과 도시의 괴물(통치자들)이 씨앗을 모두 먹어 치운다.

> 멀리 있는 내 오두막집을 강탈하는 밤이여!
> 슬픈 들판의 실패여!
> 알곡과 추수의 계절은

단지 바라보는 달콤한 꿈으로 남을 것이다.
나는 씨앗에 내 피로 물을 준다.(1-5행)

한편 〈도시(都市)〉에서는 도시를 "스스로 옷을 벗고" 몸을 파는 매
춘부로 묘사하며, 도시의 온갖 추악함과 슬픈 분위기를 생생하게 사
실적으로 그려내고 있다.

도시가 스스로 옷을 벗으면
나는 그녀의 슬픈 눈에서
지도자들, 도둑들, 앞잡이들의 초라함을
교수대를, 감옥들을, 소각로들을
슬픔을, 혼돈을, 연기를 보았다.
나는 그녀의 눈에서
사방에 우표처럼 붙어 있는 인간을 보았다.
나는 피와 범죄를
성냥갑과 통조림을 보았다.
나는 그녀의 눈에서
뼈다귀를 찾아
죽은 듯 누워있는 집 위로 사그라지는 달을 찾아
쓰레기 더미를 헤집고 다니는
어린 고아들을 보았다.
나는 가게들 앞에
돈 조각들과 굴뚝들 위에
슬픔의 검정 옷을 입고 전시된 내일의 인간을 보았다.
그가 족쇄를 찬 채로 경찰
소돔의 백성들
뚜쟁이들의 눈에 침을 뱉는다.
나는 그녀의 슬픈 눈에서
그림자와 침묵 속에 잠겨 있는 재의 정원을 보았다.

저녁이 그녀의 알몸을 덮으면
고요함이 그녀의 눈먼 집들을 감싸 안으면
그녀는 한숨을 쉬었다.
창백한 병색(病色)속에서도 미소 지었다.
그녀의 검은 눈은 기쁨과 순수로 빛났다.(전문)

6. 맺음말

바야티는 모든 시를 자유시 형식으로 작시하였으며, 이는 시인이 현대 아랍 자유시의 선구자의 위치를 탈피하여 자유시 형식을 보다 완성시킨 시인이라는 사실을 분명하게 보여주는 대목이다. 다시 말하면 대다수의 자유시 선구자들이 일부분이지만 '전통 까시다에 가까운 자유시'를 쓰거나 산문시나 극시를 실험한 데 반해 바야티는 모든 작품들을 까시다의 2반행과 엄격한 단일 운으로부터 벗어난 완전한 자유시 형식으로 시를 썼다.

바야티는 1950년대와 1960년대에 활발한 활동을 했던 다른 자유시 시인들과 마찬가지로 당시 아랍세계에 거대한 물결로 밀려왔던 서구시, 특히 T. S. 엘리엇의 시론 및 작품을 긍정적이고 적극적으로 수용하였다. 형식적 측면에서는 엘리엇이 《황무지》에서 사용했던 자유시 형식, 즉 운에 동일한 단어를 반복하는 기법, 행 걸치기 기법, 개시 행의 반복, 시어의 반복 등의 기법을 수용하였으며, 주제적 측면에서는 주로 예수와 시지프스를 고통을 상징하는 객관적 상관물로 사용하였다.

또한 바야티는 사회주의-사실주의 시인으로서 극심한 빈부격차로 인해 황폐화된 도시와 시골을 사실적·부정적으로 그려내었다. 바야

티에게 있어 도시는 몸을 파는 매춘부이며, 시골은 파리 떼가 들끓는
더럽고 무기력한 곳이다.

《압둘 와합 알바야티 대표시》

〈1957년으로〉

그의 두 눈이 눈물에 잠겨 있었다.
그가 나에게 말했다,
예수.
어제 예수가 여기를 지나갔어.
그의 십자가는 꽃이 피어 있는
두 개의 초록색 가지
그의 두 눈은 반짝이는 별
비둘기 한 마리가 갑자기 나타났어.
그의 발걸음은 음악
어제 그가 여기를 지나갔어.
그러자 정원에 꽃이 피었고
아이들이 깨어났지. 나는 기쁘지 않아.
하늘에서는
밤 별들이
마치 종(鐘)들처럼
마치 십자가들처럼
내 눈물에 잠겼지. 슬픔은
사랑과 망각을 위한 우리의 길이었어.
우리의 초록색 땅은

상처로 인해 약해지고
수선화와 아침을 꿈꾼다.
그들이 어두운 감옥 속에서 십자가를
지고 올 천명의 예수를 꿈꾼다.
그들은 많아질 것이다.
자손들을 낳을 것이다.
자손들이 하나님의 땅에
쟈스민을 경작하고
영웅들과 성자들을 만들며
혁명가들을 만들 것이다.

그의 눈이 아침처럼 미소 지었다.
아이들이 깨어났다. 나는 기쁘지 않아.
하늘에서는
초록색 날개를 가진 천사들이
등불을 들고 밤의 문을 열었다.

〈가난뱅이들의 외침〉

부끄러워하지 마!
부끄러워하지 마!
나의 첫사랑아.
유랑지의 밤
죽어 가는
새 한 마리가 던진
외침이여.
너는 왜 슬프니?
창조의 세월

기쁨의 세월
세상이 눈 깜짝할 사이에 태어난다.
너의 아버지 얼굴에는 시인이 있다.
혁명가가 있다.
세상이 눈물을 위해 문을 열었다.
새벽을 위해 사랑의 고통이 홍수처럼 밀려온다.

가난뱅이들의 외침.
내 조국의 가난뱅이들이
줄리어스 시저의 문에 있다.
붉은 새벽에 있다.
마치 바위처럼, 한 방울의 물처럼
혁명의 바다에 있다.
역사를 깨부순다.
나의 첫사랑아
부끄러워하지 마!
유랑지의 세월이
죽어가고 있는
새에게
자유롭게 남아
새벽을 기다리라고 가르친다.

얼마나 가혹한 밤들인지
가난한 너의 아버지는
가장 높은 사다리에
어둠의 빛 속에
꼭대기에 있다.
어둠 속에서
우리가 양초에 불을 붙이는 것은
행복하게 사는 것은

얼마나 아름다운지.
세상은 눈 깜짝할 사이에 태어난다.
노래 속에는
달콤한 우정이 있다.

나의 첫사랑아
나의 아들아
부끄러워하지 마!

〈가방 없는 여행자〉

갈 곳이 없는 사람.
얼굴이 없다, 역사가 없다, 난 하늘 아래
갈 곳이 없는 사람.
나는 바람의 통곡 속에서 날 부르는 소리를 듣는다.
이리와!
얼굴이 없다, 역사가 없다. 날 부르는 소리를 듣는다,
이리와!
남자들이 언덕을
역사의 늪을
사막을 건너간다.
땅은 아직도, 남자들은 아직도
그림자놀이를 하고 있었다.
역사의 늪 슬픈 땅
남자들이
수천 밤이
언덕을 넘어
나를 지나갔을 텐데.

나는 바람 속에서 날 부르는 소리를 듣는다.

이리와!

언덕을 넘어

나와 수천 년이

하품을 한다, 화를 낸다, 슬퍼한다.

하늘 아래

갈 곳이 없는 사람.

내 안에서 영혼이 희망도 없이 죽는다.

나와 수천 년이

하품을 한다, 화를 낸다, 슬퍼한다.

나는 살아남을 거야! 아무 소용없어. 난 항상

갈 곳이 없는 사람으로 남을 거야.

얼굴이 없다, 역사가 없다, 난 갈 곳이 없는 사람.

빛이 나에게 부딪친다. 도시의 소음은 멀리 있다.

생명의 영혼이 길을 따라 돌아온다. 새로운 권태가

고집 센 죽음보다 더 강하다.

새로운 권태,

죄수는 어떤 것에도 관심이 없다. 수천 년

자유 그리고 흙 그 어떤 것도

슬픔이 없는 여행자를 기다리지 않는다.

수 천 마리의 메뚜기들과 세월의 눈들이

도시의 성벽들에 나타난다. 무심한 세상으로부터

나는 어떤 이득을 기대할 수 있나?

혐오스런 어제가

살아있다, "좋아"라고 말하지 않는다.

향기가 나는 시체의 이마 위에 살고 있다.

삶의 영혼이

삶의 영혼이 길을 따라 돌아온다. 새로운 권태가

고집 센 죽음보다 더 강하다.

하늘 아래

희망도 없이
내 안에서 영혼이 죽는다.
거미처럼
내 영혼이 죽는다.
성벽 위에는
강물 빛이 있다.
강물 빛이
영원히 나를 위해 내 세월을 조금씩 마신다,
피를 뱉는다. 이 강은 없었어.
문을 닫아! 이 강은 없었어.
영원히 나를 위해 이 강은 없었어.
나는 살아남을 거야! 아무 소용없어, 난 영원히
갈 곳 없는 사람으로 남을 거야.
얼굴이 없다, 역사가 없다, 난 갈 곳이 없는 사람.

〈나에게 조국을 돌려주세요.〉

신이시여, 나에게 조국을
한 마리 나이팅게일을
어두운 구름 하나를
빛나는 별 하나를 돌려주세요.
나에게
봄의 가슴에서, 언덕에서 흔들리며 빛나는
쟈스민을 돌려주세요.
나는 일출을 노래합니다.
나는 일몰을 노래합니다.
나는 바람을 노래합니다.
나는 아픔 속에서 서리를 녹입니다.

봄 서리는 내 조국, 슬픈
신의 봄은 죄수.
나는 꽃봉오리를 노래합니다.
나는 몽상가가 아닙니다.
신이시여, 나에게 조국을
한 마리 나이팅게일을 돌려주세요.

〈내가 다시 십자가에 못 박은 예수〉

그들이 말한 것은 모두 거짓말
도둑들의, 시인들의
어리석은 마술사들의 헛소리.
나는 내 모든 시가 벌거벗고 있다고 느꼈다.
그들이 너에 관한 시를 지었다.
순교자, 나의 누이여
나는 자랑스럽게 시를 짓는
떠돌이 위선자가 아니다
내 동생인 인간을 위한 교수대의 목재들을
교수대의 목재들을 관찰하지 않는다.
나는 정치가가 아니다.
연설가가 아니다.
설교단들이
내가 사람들 앞에서
소리를 질렀을 때부터 나를 쫓아냈다.
"아니야! 나는 혁명가.
내가 가지고 있는 것은 모두, 누이야, 너에 대한 사랑,
총."
나는 인간의 고통을 노래하는

우리들의 죽음보다
춤을 더 좋아하는
상인이 아니다.
누이야,
그는 식욕을 노래한다.
피 맛이
나의 목소리에 있다.
밤을 붙들고 있는 댐처럼
나의 버릇없는 시행들에 있다.
나와
야만성 사이에서
완벽한 세대는
죽었다.
오늘 낮에
성처녀, 나의 누이여
아름다운 이여,
검은 눈이
어린 시절의 정원을 덮친다.
붉은 번개가
영웅들의 십자가들을 불태운다.
글자가
악마가
알제리 땅에서 태어난다.
밤에 태어난다.
시인의 펜이 그것을 이기지 못했다.

〈동네시장〉

내리쬐는 태양, 비쩍 마른 당나귀들, 파리들
낡은 군화.
농부의 손들이 바삐 움직인다, 공터를 바라본다.
신년 벽두에는
내 손이 반드시 돈으로 가득 찰 거야.
이 신발을 살 거야.
오리의 울음소리가 우리에서 도망쳤다. 어린 성자,
너의 피부를 손톱으로 긁지 마.
지옥으로 가는 길은
천국보다 더 가까워. 파리들과
피곤한 추수꾼들,
"그들이 농사를 지었다. 우리는 먹지 못했다.
우리는 비천한 이들을 위해 농사를 짓는다.
그들이 먹는다."
도시로부터 돌아오는 사람들. 눈먼 맹수를 가진 도시여,
맹수가 여자의 몸뚱어리들과 선량한 꿈을 가진 이들을
죽여 바닥에 내동댕이쳤다.
소의 울음소리와 팔찌들과 향수를 파는 상인이
마치 풍뎅이처럼 기어온다.
"소돔이여! 아내가 나를 묻었어."
향료장수는 몰락한 독재자의 운명을
절대로 고쳐주지 못 해.
검은 총들과 쟁기, 불이 죽는다.
대장장이는 피가 흐르는 동(銅)으로 된
눈꺼풀을 유혹한다.
"영원히, 새들은 그 모습 그대로 남아있을 것이다.
바다는 실수들과 눈물들을 씻어낼 힘이 없다."

태양은 하늘의 간(肝)에 있다.
포도 장수들이 바구니들을 모은다.
"내 연인의 두 눈은 두 개의 별,
그의 가슴은 봄의 장미."
시장은 텅 비어 있다. 작은 가게들과 파리들.
아이들이 파리를 잡는다. 먼 지평선
야자수 숲 속에 있는 오두막집들이 하품을 한다.

〈동포에게 보내는 노래〉

나는 여기, 홀로, 십자가 위에 있다.
노상강도들이 괴물들과 하이에나들이
내 살을 먹는다.
불꽃을 만드는 이여
사랑하는 나의 동포여
나는 여기, 홀로, 십자가 위에 있다.
나의 작은 정원 위에서 반짝거린다.
너의 슬픈 얼굴에서
근심걱정들을 쓸어가기 위해
어른들이 별들을 향해
손바닥을 펴고 있는 나의 그림자에게 돌을 던진다.
감옥에 갇힌 나의 동포여
녹색으로 염색한 옷을 입고
문을 두드리며
태양을 향해 이마를 치켜든 이여
나는 여기 홀로 잠을 흩어버린다.
너의 피곤한 눈에서
불꽃을 만드는 이여
사랑하는 나의 동포여.

〈바벨로부터의 귀환(歸還)〉

인간의 기적은 별들을 바라보며 코를 치켜들고
서서 죽는 것이다.
그는 죽었거나 적의 불이 그것을 원했다.
불공정한 운명과의 만남들을 받아들이면서
밤을 밝히는 것이다.
운명의 주인이 되는 것이다.
폐하, 별이 나에게 말했다. 시냇물이 나에게 말했다.
알렉산더대왕이 여기 출신이다
그가 전쟁에 패하고 열병에 걸려 말을 타고 지나갔다.
별들이여,
바벨은 영원히 밤의 천막 아래 있다
그 흔적들 위에서 늑대들이 울부짖는다.
흙이
휑한 슬픈 눈을 채운다.
바벨은 세월의 발 아래서
부활을 기다린다. 이시타르,
일어나 항아리를 채워
상처 입은 사자의 입술을 적셔
늑대들과 함께, 바람의 통곡과 함께 기다려.
슬픈 폐허들에
비를 내리게 만들자.
그러나 이시타르는
두 팔이 절단된 채, 얼굴에 먼지를 뒤집어 쓴 채
여전히 담 위에 있다.
침묵과 초원이
슬픈 폐허들에 있는 돌을 벙어리로 만들었다.
연인이여!
이삭을, 열기가 없는 태양을

연기로 된 여인을, 부서진 항아리를
신화로 돌려놔.
탐무즈는 결코 살아서 돌아오지 못 할 것이다.
오, 오..
바벨이 밤의 모자 아래에 있다
식량도 없이, 목적지도 없이
방부제도 없이, 재로 된 검은 색 외투 아바를 입고 있다.
나는 그 흔적들에게 소리 질렀다, 이시타르!
돌들이 소리 질렀다,
이시타르, 이시타르, 이시타르!
벽이 부셔졌다
달의 폐허들에서 사라졌다
비가 쏟아졌다.

〈순교자들은 결코 죽지 않는다.〉

순교자들은 결코 죽지 않는다
그들은 희생의 땅에 있는 씨앗이며 꽃이기 때문이다
그들은 해변이며, 바다이고, 시인들의 시이기 때문이다
밤이 장막을 칠 때마다
바그다드는 시련 속에서 빛의 강을 폭발시켰다
피가 뿌려질 때마다
정원과 가난한 이들의 분노가 성숙되었다
자유스런 조국과 용감한 백성들이 자랑스럽게도
사형집행인의 손아귀에
겁쟁이 맹수들의 손에 굴복하지 않았다
파시스트에게
그들이 어떻게 죽는지를, 먼지가 어떻게 사라지는지를
역사 속에서 가르쳐주었다

표면에 떠 있는 무리들은 공기 거품들
그들이 와 권력을 잡을 것이다
노예들이 찌꺼기들을 남겨둔다
그들이 땅에 장미를 재배한다
행복의 등대들을 건설한다

〈우리는 왜 유랑지에 있나〉

우리는 왜 침묵을 지키고 있나
우리는 죽는다
나에겐 집이 있었다
나에겐 있었다
바로 너
심장이 없이, 소리도 없이
통곡한다, 바로 너
우리는 왜 유랑지에 있나
우리는 죽어간다
우리는 침묵 속에 죽어간다
우리는 왜 울지 못하나
불 위를
가시덤불 위를
걸어갔다
우리 백성들이 걸어갔다
우리가 왜, 주여!
조국도 없이, 사랑도 없이
죽어간다
두려움 속에서 죽어간다
우리는 왜 유랑지에 있나
우리가 왜, 주여?

제 **4** 장

거부와 혁신의 시인, 아도니스

(1930~)*

1. 머리말

최근 몇 년 동안 10월이 되면 연례행사처럼 내·외신들은 시리아-레바논 시인 아도니스의 노벨문학상 수상 가능성을 점치고 내로라하는 언론사마다 아도니스의 노벨상 수상에 대비한 정보 수집으로 인해 한차례 홍역을 치르고 있다. 이처럼 아도니스는 1988년 이집트의 나깁 마흐푸즈(1912~2006)가 아랍세계 최초로 노벨문학상을 수상한 이래 최근 들어 매년 최종 후보에 거론되고 있다.

아도니스는 시리아 태생으로 레바논 국적을 가지고 있으며, 본명은 알리 아흐마드 사이드이다. 시와 현대성 그리고 혁신에 관한 그의 견해들은 개념, 형식, 언어, 이미지에서 현대 아랍시를 혁신시키는 데 지대한 공헌을 한 것으로 평가받고 있다.

우선 아도니스의 생애와 작품을 자세히 정리해보고, 다음으로 아랍시의 전형인 까시다가 여전히 그 세력을 떨치고 있던 1950년대에 전통과의 완전한 결별과 전통의 무조건적인 거부를 주창했던 시인들인 소위 '거부의 시인들'의 주도적 시인으로서 아도니스의 전통과 현대에 대한 견해들을 고찰할 것이다. 그리고 T. S. 엘리엇이 사용했던 신화와 상징의 기법들을 수용하여 시대정신을 표출하기에 적합한 새로운 시의 매개체로 사용했던 탐무즈 시인으로서 아도니스가 주로 사용했던 신화와 상징을 시작품을 통해 살펴볼 것이다.

2. 생애 및 작품

아도니스는 1930년 시리아 북부 지중해 도시 라타키아 인근의 작은 시골 마을인 깟사빈에서 시아파의 일파인 알라위파[41] 가문에서 태어났다. 어린 시절에는 일종의 마을 서당인 '쿳탑'(Kuttāb)에서 이슬람교의 성서인 코란 낭송과 글쓰기, 읽기를 배웠으며 13살이 되어서야 비로소 타르투스에서 정규교육을 받을 수 있었다. 왜냐하면 마을 인근에는 학교가 없었으며 소도시에 있는 학교까지 왕복하는 일이 어린 나이에는 불가능한 일이었기 때문이었다. 당시 시리아가 영국의 신탁통치로부터 독립한 후 최초의 대통령이 된 슈크리 알꾸와이틀리가 라타키아를 방문했을 때 아도니스는 대통령 앞에서 자신의 환영시를 낭송하기도 하였다. 그 시절 그의 막내 여동생 샤키나가 갑자기 죽었다. 그 후 17세에 라타키아에서 고등학교를 다닐 때 그는 자신의 본명인 알리 아흐마드 사이드라는 이름으로 여러 신문들과 잡지들에 시들을 보내곤 했지만 그 어느 것도 발표되지 않았다. 그는 매우 화가 나고 침울해 하던 참에 우연히 잡지 한 권을 구하게 되었고 거기서 그리스

---

* 이 글은 2003년도에 문예잡지 《미네르바》 제1호에 게재되었으며, 일부 내용을 수정하였다.

41) 이슬람 시아파의 한 분파. 누사이리파라고도 한다. 현재 시리아, 터키 남동부 및 레바논 일부 지역에 거주하는 데, 그중 대부분은 라타키아 배후의 산지에 집중 거주하며 시리아 인구의 10% 이상을 차지하고 있다. 교의(敎義)는 특정단체의 비전(秘傳)이라고 하며, 또 여성을 혼이 없는 존재로 보았다. 교의상 이스마일파의 영향이 현저한데, 시리아의 토착적인 종교 전통 위에 그리스도교와 이슬람교를 절충한 것으로 보인다. 제4대 칼리파 알리를 신격화하였으며, 또 알리, 무함마드, 교우(敎友)인 페르시아인 사르만의 머리글자를 따서 만든 달·태양·하늘을 중시한다.

신화에 나오는 아도니스 신화를 읽고 그 죽음과 부활에 매료되어 스스로 '아도니스'라는 필명을 지었다.42) 그 뒤 아도니스란 이름으로 시를 지어 출판사에 보냈으며 대부분 출판되었고 편집장의 초청으로 출판사를 방문하기도 하였다. 1949년 고등학교를 졸업하였으며, 1950년에 다마스쿠스 대학교 법과대학에 입학하였으나 1년 뒤 철학대학 문학과로 전과하여 1955년에 졸업하였다.

대학을 졸업한 그해부터 아도니스는 시리아 시 연구에 몰두했고, 대부분의 시리아 대학생들처럼 시리아국민당에 가입해 약 2년 동안 정치활동을 했다. 그로 인해 다마스쿠스의 맛자 감옥과 꾸나이트라의 군대 감옥에 재판도 없이 정치범으로 투옥되었다가 약 1년 뒤 무죄가 인정되어 석방되었다. 그 후 그는 1956년 10월 시리아를 떠나 베이루트에 정착 하였다.43)

아도니스는 유숩 알칼과 의기투합하여 1957년 아방가르드 시 전문 잡지 '시'(1957~1964, 1967)지를 창간하였으며 1963년 봄까지 편집장으로 활동하였다. 1957년 현대와 전통의 조화를 지향하며 레바논의 공산주의 시인 사이드 아끌(1912~)의 시와 시리아의 전통 시인 바다위 알자발(1903~1981)의 시가 동시에 게재된 첫 번째 판이 나오자 거센 반발이 일어났으며 끝내는 모든 아랍 지역에서 배포가 금지되었다. 이와 같이 '시'지는 자유시 운동의 대변지 역할을 하였으며 실험시와 아방가르드시를 표방하는 젊은 시인들의 광장 역할을 하였다.

---

42) 한편으로는 시리아국민당(Syrian Nationalist Party)의 지도자인 안툰 사아다(1904~1949)로부터 아도니스란 이름을 받았다는 견해도 있다.

43) 아도니스가 다마스쿠스를 떠나 베이루트로 간 이유에 대해, 첫째는 위에서 언급한 정치적인 이유 때문이며, 둘째는 당시 미국에 있던 유숩 알칼(1917~87)이 곧 베이루트로 귀국하니 시 전문 잡지를 만들어보자는 제안을 해 왔기 때문이며, 세 번째는 베이루트를 몹시 보고 싶었기 때문이라고 한 대담에서 밝혔다.

또한 다른 언어로 된, 특히 불어와 영어로 된 많은 현대시들의 번역시들을 게재하였다. '시'지에 게재된 시들은 주로 1948년 팔레스타인 붕괴 이후 계속된 아랍의 참담한 현실과 어울리는 신화들을 사용하였다는 것이 그 특징이다. 이들의 신화 속에 등장하는 신이나 영웅들은 고통을 당하고 죽임을 당하지만 다시 부활하며, 이러한 부활의 신화는 아랍이 반드시 다시 부활할 수 있다는 믿음의 상징이었다. 아도니스는 1963년 유숩 알칼과 결별하였으며, 1968년에는 자신의 아방가르드 시 전문 잡지 '상황들'을 발행하였다. 무엇보다 잡지 '상황들'은 마르크스주의와 같은 혁명적인 이론들을 위한 토론장이 되었다.

아도니스의 정치적 신념은 1967년 6일 전쟁에서 아랍이 이스라엘에 패한 이후 극적으로 변화되었다. 그는 아랍군의 패배에 대한 분노를 은유적으로 표출하였다. 그의 시는 더욱 복잡해지고 어려워졌으며 모호한 이미지가 더해졌다. 아도니스는 이미지는 놀라운 것이어야 하며, 시인은 직유가 아닌 은유를 사용해야 한다고 보았다.

1970년대와 1980년대로 갈수록 아도니스의 시는 점점 더 복잡해지고 어려워졌다. 직접 언급하기보다 암시하는 일에 더 많은 강조를 두었다. 그의 시는 신비주의와 초현실주의의 혼합물이 되었다. 그의 목소리는 역사적인 인물들의 가면(mask)과 특성을 채택함으로써 더욱 더 암시적인 것이 되었다.

아도니스는 1973년 베이루트의 성 요셉 대학교에서 "변화하지 않는 것과 변화하는 것: 아랍에서의 전통 고수와 독창성에 관한 연구"로 문학박사학위를 취득하였다. 1974년부터 1978년까지 레바논대학교 교육대학 아랍문학과 교수로 재직하였고 그 이후에는 동 대학교 문학대학에 재직했다.

1973년에는 미국에서 세계 시인협회상을 수상하기도 하였다.

아도니스의 작품들은,《데릴라》(1950),《대지는 말했다》(1952,
1954),《처음 시들》(1957),《바람 속의 잎새들》(1958),《다마스쿠스인
미흐야르44)의 노래》(1961),《밤낮의 이주와 변화》(1965),《무대와 거
울들》(1968),《재와 장미 속의 시간》(1970),《뉴욕을 위한 무덤》
(1971),《시작품 전집》(1971: 이 전집에서 시인은 일부 초기 작품들
을 생략하였다.),《복수형의 단수》 (1975) 등 다수의 시집들을 발표했
다. 또한 여러 권의 고전 아랍시 시선들과 문예 비평에 관한 책들을
출판하기도 했다.

3. 거부(拒否)의 시인

'거부의 시인들'은 아도니스와 유슙 알칼이 주관한 '시' 잡지에 참여
한 혁신주의자들로서, 아랍문화 전통 유산으로부터의 전면적이고 무
조건적인 단절과 거부를 주장하였다. 그들은 아랍시의 인습적인 형식
과 스타일, 고전 문학의 주제들을 사용하지 않고도 시를 쓸 수 있다
고 보았다.

이 그룹의 주요한 원칙은 '거부'였다. 즉, 아랍의 인습적 가치들과
기준들에 대한 거부인 동시에, 아랍 시인들이 세계 문예 운동과 자유
롭게 결합하려는 것을 방해하는 모든 장애물들을 뿌리 뽑는 새로운

---

44) 아도니스는 일부 비평가들이 '다마스쿠스인 미흐야르'를 중세 시인 '미흐
야르 알다일라미'와 혼동하는 데 대해 두 인물간에는 '미흐야르'란 이름
외에는 전혀 관련이 없다고 말했다. '다마스쿠스인 미흐야르'는 아도니스
가 니체의 짜라투스트라나 괴테의 파우스트와 같은 작가의 특정한 등장
인물에 자극을 받아 창조한 아도니스만의 등장인물이다.

기법, 형식, 주제를 수용하는 혁신의 시작이었다.

그들은 많은 민족주의 시인들이 아랍문화를 하나의 민족인 아랍인들이 생산했던 것과 아랍어로 기록·보존되었던 것으로 제한하고 있다고 비판하였고, 아랍의 전통 유산은 고대 중동에서 성장하고 지중해 문명에 영향을 받은 전 인류의 전통 유산을 포용하고 있다고 보았다. 이러한 문화들로부터 현대 문명은 발전되었고 아랍문화가 그 발전에 기여했다는 것이었다. '거부의 시인들'이 민족주의 시인들을 거부한 것은 아랍의 전통 유산에 대한 그들의 태도가 아니라 시나 혹은 문화에는 일정한, 변화지 않는 가치들이 있다는 그들의 신념에 대한 거부였다. 아도니스는 인습주의자들이 아랍의 실체를 묘사하고 무효로 만들고 묵상하는 반면, '거부의 시인들'은 아랍의 실체를 갱신하고 창조하며 부활시키는 것이며, 이것이 두 집단의 결정적인 차이점이라고 보았다.

또한 '거부의 시인들'은 과거 아랍문학과 아랍문명의 풍요롭고 장엄한 전통 유산을 지나치게 자랑스러워하는 것은 위험하다고 보았다. 이는 시대에 뒤떨어진 생각이며 과거 업적들에 만족하는 것은 자만과 격리, 잘못된 우월감, 침체로 그들을 인도할 것이기 때문이다. '거부의 시인들'이 거부한 것은 아랍의 유산 그 자체가 아니라 시인을 노예로 만들고 독립적으로 발전하는 것을 방해하는 변하지 않는, 미리 결정된 가치들과 규칙들, 신성시되는 아랍어를 거부하는 것이다.

'거부의 시인들'은 아랍문학의 전통 유산과 완전히 결별한다고 공개적으로 선언했다: "혁신은 전통으로의 회귀나 혹은 전통과의 화해에 의해 성취될 수 없다. 아랍시 전통 유산의 불변의 인습적인 가치들과 신념들을 깨부수는 것만이 현대가 요구하는 새로운 언어, 문법과 스타일을 창조할 수 있다. 그러므로 현대가 요구하는 새로운 형식과 스타일을 위해 아랍시의 인습적인 형식과 스타일을 부수어야 한다. 오늘날 시인들이 직면하고 있는 문제들은 고전 아랍시를 모방함으로 해결할 수 있는 것이 아니다."

결국 '거부의 시인들'의 정신적이고 예술적인 뿌리는 고전 아랍시와는 다르며, 그들의 형식과 언어 또한 고전시와는 다르다. 그들은 형식과 내용의 유기적인 통합을 요구했으며, 시의 음악은 내적이고 동적인 일치로부터 나온다고 보았다.

'거부의 시인들'은 또한 언어의 혁신을 주장했다. 그들은 그동안 사용이 제한되었던 구어체 속담들을 사용했을 뿐만 아니라 문법 아랍어에서는 금지된, 동사에 정관사를 붙이는 구어체 장치를 사용하기도 하였다. 그렇게 함으로써 구어체 아랍어의 뛰어난 특징을 탐험할 수 있다고 보았다. 구어체 사용은 말에 생생함을 제공하고 시를 일상 대화와 더욱 가깝게 하며 표현에 속도와 움직임을 더한다. 그들에게 있어 시어는 단순히 표현 수단이 아니라 하나의 창조였다. 시어들은 그들이 원래 가지고 있는 것 이상의 것을 표현한다. 오히려 표현하기보다는 제안하고 영감을 주며 인습적인 기능과 의미를 변화시킨다.

주도적인 '거부 시인' 아도니스에게 신시[45]는 '비전'이며, 친숙함과 관습이 숨긴 것을 우주 속에서 발견하고 우주의 숨겨진 얼굴, 보이지 않는 관계를 드러내는 것이다. 신시의 주요한 기능은 언어를 사용해 모든 것들을 표현하기에 적합한 정서들과 연상들을 불러일으키는 것으로서 사소한 사건, 중요하지 않은 것, 수사적 스타일이나 은유와 직유를 사용한 수평적 조망과 피상적 묘사, 구조와 통합이 없는 낭독조의 사상들과 정서들을 배제한다. 따라서 신시는 처음 보는 이들에게

---

45) 1950년대 이후의 시를 말하며, 사상적으로는 사회주의-사실주의를 지향하고, 형식적으로는 엄격한 전통 운율로부터의 탈피를 시도한 유절시, 무운시, 산문시, 자유시를 포함한다.

는 기존 시의 형식과 시작법에 대한 반란이요, 기존 시의 자세와 방식을 거부하는 것으로 보인다.

한마디로 '거부의 시인들'에게 있어 시는 보편적이고 휴머니즘적인 것이었다.

4. 탐무즈 시인

엘리엇이 《황무지》에서 사용한 풍요 신화, 성배전설, 페니키아의 수부 이야기, 티레시아스 신화[46], 필로멜라 신화[47], 히야신스 신화[48]

---

46) 장님 예언자. 칼레를 최고의 미인으로 지목한 데 대한 불만으로 아프로디테가 그를 장님으로 만들었다고 하며 칼레가 그에게 신통력을 주었다고 함.

47) 아테네가 전쟁에서 위험에 빠지게 되었을 때 트라키아가 원군을 보내 구해 주는 데, 이것을 계기로 아테네의 왕 판디온은 자신의 딸인 프로크네를 트라키아 왕 테레오스에게 시집을 보낸다. 먼 이웃 나라에 시집을 온 프로크네는 자신의 고향집과 동생을 그리워하게 된다. 이에 테레오스에게 동생 필로멜라를 데려다 달라는 부탁을 하고 테레오스는 아테네로 필로멜라를 데리러 간다. 그런데 테레오스는 필로멜라를 보는 순간 너무나도 아름다운 그 모습에 매혹되어 그녀를 범한다. 그러고는 이 사실이 알려지지 못하도록 필로멜라의 혀를 칼로 잘라버린다. 하지만 필로멜라는 옷감을 짜는 일을 통해 자신의 이야기를 알린다. 그의 언니이자 왕비인 프로크네가 이 옷감을 보고 사실을 알게 되어 자신의 아들이기도 한 이튀스를 칼로 찔러 죽인 후 죽은 아들로 요리를 해서 테레오스가 먹도록 하는 참혹한 복수를 한다. 이를 알고 테레오스가 두 자매를 죽이려 하자 필로멜라는 나이팅게일로 프로크네는 제비로 변해 날아간다.

48) 유난히 히아킨토스를 사랑한 아폴론과 날씬한 체구에 민첩한 운동신경을 가지고 있는 히아킨토스는 어느 날 원반던지기 놀이를 하고 있었다. 이를

등의 신화와 전설은 1950년대 아랍 시인들, 특히 아도니스를 필두로 한 '거부의 시인들'에게 깊은 인상을 심어 주었다. 그들은 《황무지》에 나타난 부활을 통해 죽음을 극복하는 개념에 깊이 매료되었으며, 그 결과 빼앗긴 땅과 무너져 내린 자존심을 되찾고자 하였던 아랍인들에게 '죽음과 부활'의 이미지는 급속도로 확산되었다.

《황무지》의 영향뿐만 아니라 시대에 따라 변화된 시인의 이미지 또한 아랍시에 신화의 사용을 촉구하였다. 18세기 말 경 밀려드는 서구 문학에 대한 대응으로 찬란했던 압바시야 시대(755~1258) 까시다로의 회귀를 갈망했던 신고전학파 시인들의 이미지는 이슬람 이전 시대 이래로 계승되어 온 '대변인'의 이미지였다. 이후 1920년대 낭만주의 시인들은 '수동적이고 고통스러운 예언자'의 이미지를 갖게 되었으나, 1950년대 이후 견디기 힘든 고통과 좌절을 경험한 시인들은 시가 정치적·문화적으로 참여적인 성격을 갖게 되면서 '동포들의 구원을 위해 투쟁하는 구세주나 영웅'의 이미지를 갖게 되었다.

따라서 자신을 태워 새로운 생명을 창조하는 불사조와 같은 부활의 신화가 아도니스에 의해 수용되었다. 사이얍과 바야티는 자신들을 예수와 같은 구세주로, 칼릴 하위는 자신을 신드바드와 같은 모험가로 생각했다. 시인은 더 이상 수동적으로 고통을 당하는 사람이 아니라 '능동적인 구세주'로서 동포를 구원하기 위해 자기를 희생하는 영웅적 행위를 하는 사람이 되었다. 이와 같이 시인 자신들을 구세주로 상징하는 신화들을 사용하기도 했던 탐무즈 시인들은 탐무즈 신화, 아도

본 바람의 신 제피로스가 두 사람을 시기한 나머지 바람의 방향을 바꾸어 원반을 히아킨토스의 이마에 맞게 하고 히아킨토스를 그 자리에서 죽게 만들어 버렸다. 슬픔에 빠진 아폴론은 죽은 히아킨토스의 이마에서 흘러나오는 피를 손가락으로 찍어 'Ai Ai(슬프다)'라고 땅에 새겼는데 소년의 피는 어느새 꽃이 되었고 이것이 바로 히아신스라고 한다.

니스 신화와 같은 죽음과 부활의 이미지를 가진 신화를 사용함으로써 자신들의 부족한 에너지를 회복시키고 심지어는 죽은 자까지도 살릴 수 있다고 믿었다.

T. S. 엘리엇에 의해 사용되었던 아도니스 신화는 이라크와 레바논의 젊은 시인들, 특히 '시' 학파에 속한 시인들의 상상력을 사로잡았다. 엘리엇은 근대 유럽의 정신적 질병을 상징하기 위해 신화를 사용한 반면, 현대 아랍 시인들은 아랍세계의 낡고 진부한 것들의 죽음 이후에 오는 새로운 세계에 대한 희망을 상징하기 위해 탐무즈 신화나 아도니스 신화를 사용하였다. 현대 아랍시에서 탐무즈와 아도니스의 죽음은 문맹, 가난, 질병, 미신의 만연을 의미하며, 신(神)들의 부활은 이러한 고대의 저주들을 치료할 수 있다는 가능성을 뜻한다. 탐무즈는 죽음에서 부활한 예수와 동일시되기도 하며, 탐무즈의 부활은 서구 문명의 성공적인 수용과 획득을 의미하기도 한다.

시인 아도니스는 자신을 태워 죽은 후 그 재에서 다시 태어나는 전설상의 새 불사조를 부활의 상징으로 많이 사용하였다. 이는 아랍의 문화와 문명이 낡은 세대와 부패의 마지막 단계에 있어 불사조와 같이 죽음으로써 다시 태어나 재생의 단계로 나아가기를 고대하는 시인 자신의 희망을 표현한 것이다. 이와 같이 불사조의 죽음과 부활을 통해 시인 자신의 부활, 더 나아가 아랍세계의 부활을 꿈꾸는 시인의 염원은 1958년 시인이 레바논에 망명해 있을 때 쓴 연작시 〈부활과 재〉에 잘 나타나 있다.

시인은 첫 번째 연작시 〈꿈〉에서 꿈에 나타난 불사조에게 부활을 위해 몸을 태울 것을 독백조로 주문하고 있다.

나는 모험의 수평선으로부터
새의 날개를 타고
손에 불타는 숯을 들고 오는 꿈을 꾼다.
나는 카르타고의 화염 냄새를 맡는다.
나는 여인을 쓰다듬는다.
그녀의 머리카락이 배가 되었다 한다.
나는 여인을, 제물의 내장을 쓰다듬는다.

나는 내 폐가 타오르는 숯인 꿈을 꾼다.
그 향기가 나를 납치해 바알벡으로 데려간다.
바알벡은 도살장,
그곳에 죽음에 심취한
새로운 내일이라, 부활이라 불려졌던
새 한 마리가
불탄다.
태양과 수평선은 그 수확물.(전문)

두 번째 연작시 〈추방의 노래〉에서는 시인 자신이 죽음에서 부활을 추구하는 영웅으로 묘사되고 불사조와 동일시된다. 이후 불사조는 죽음에서 부활한 예수에 비유된다. 불사조의 추방은 시인 자신이 1956년 조국 시리아로부터 추방된 사실의 반향으로 보인다.

나는 불탄다,
수평선이 내 안에서 자란다. 수평선이
내 안에서 태어난다.
불사조 너처럼
아침이 깨어날 때
날개가 처음으로 내게서 솟아난다.
친구여!

불사조여! 죽음은 우리의 젊은 속에
죽음은 우리의 삶 속에
샘물과 타작마당을 가지고 있다.
바람이
무덤의 메아리가 죽음의 의미는 아니다.
어제 한 사람이 죽었다.
십자가 위에서 죽었다.
그는 버찌의 호수
빛의 불길
약속으로 보였다.
그의 불꽃은 스러졌다가 재와 어둠으로부터
되돌아왔다.(31-47행)

　세 번째 연작시 〈아이샤의 재〉에서는 새로운 문명을 열었던 예언자 무함마드의 애처이며 신실한 무슬림 여성이었던 '아이샤'[49]와 불사조가 동일시된다. 시인은 불사조가 불에 타 죽어 그 재로부터 다시 부활하듯, 사도 무함마드가 새로운 문명을 열었듯 '아이샤'의 재로부터 새로운 아랍 문명이 부활하기를 간절히 바란다.

아이샤는 경건한 우리 이웃,
가까이 있는 사람도 멀리 있는 사람도 그녀를 좋아한다.
많은 도시의 거리들이 매듭 천으로 장식되고
우리나라 사람들이 그녀를 좋아한다.
숨겨진 비밀이
기름 흔적들을

---

49) '아이샤'는 '살아있는, 살아있는 여자'라는 뜻을 가지고 있다. 사도 무함마드의 부인이며, 무함마드 사후 제1대 정통칼리파가 된 아부 바크르의 딸이기도 하다.

파리들로 된 새장을 녹색으로 부풀린다.

아이샤는 경건한 우리 이웃,

그녀의 삶은 가죽 줄, 경건한 양떼.

지혜가 땅에 안개를 가지고 돌아온다.

생명이

모래 잎으로 된

밤의 습지로 된

사원에 보존된다.

아이샤는 우리 이웃, 우리의 삶에 있는 새로운

우리의 불사조는

거대하고 키가 크다. 비전을 가지고 온다.

불사조가 마치 달처럼

마음들을, 생각을 가지고 온다.

네 번째 연작시 〈부활의 가르침〉에서 시인은 불사조에게 조국을 되찾기 위해 예수처럼 죽을 것을 요구한다. 죽음은 아랍세계의 세 가지 전염병인 게으름, 가난, 문맹을 제거할 것이다. 불사조는 부활하여 새 생명을 되찾고 이때 불사조는 탐무즈와 같이 아랍의 세 가지 저주들을 걷어낸다.

불사조! 너를 향한 내 시선을 그냥 둬,

내 시선을 그냥 두란 말이야.

불사조! 죽어. 불사조! 죽으란 말이야.

불사조! 그 순간이 바로 네가 새롭게 부활하는 순간.

재가 되었고 불꽃이 되었다.

과거가 긴 잠에서 깨어났고

우리에게로 왔다.

강인한 그 영웅은 양(羊)과 같다.

탐무즈는 양
탐무즈는 포도나무 가지
탐무즈는 신(神)과 같다(79-96행)

현대 아랍 시인들은 기독교 신화와 아랍 신화에서뿐만 아니라 그리스 신화로부터도 여러 상징적인 요소들을 직접 인용하거나 차용하였다. 유일신 알라(Allah)를 믿는 무슬림들은 다신교적인 성향의 그리스 신화를 오랫동안 기피해왔다. 따라서 그리스 신화에 대한 문학적 관심이 시작된 것은 프랑스와 영국 문학의 영향을 받은 19세기가 되어서야 가능했다.

대부분이 기독교도들인 이주학파 시인들이 기독교 신화를 문학의 원천으로 삼은 반면, 그리스 신화를 사용한 시의 전통은 이집트에서 발전했다. 아랍 낭만주의 시에 그리스 신화의 표현 방식을 수용한 것은 아폴로학파의 아부 샤디(1892~1955)에 의해서 이루어졌다. 아부 샤디는 셸리와 키츠 등의 영국 낭만주의 시인들의 시에서, 셰익스피어와 스펜서(1552~1599), 말로(1564~1593) 등 엘리자베스시대 시인들의 시에서 그리스 신화를 수용했다.

한편, 아도니스는 조국 시리아를 등지고 타향 레바논에서 방황하는 자신의 고통을 그리스 신화 속의 인물인, 생전의 죄로 인해 죽은 뒤 바위를 산꼭대기로 부단히 밀어 올려야만 하는 영원한 형벌을 받는 시지프스로 상징하였다. 〈시지프스와 함께〉에서 나는 시인 자신이며, 동시에 고통 받는 모든 아랍인들이기도 하다.

나는 물 위에다 글을 쓰겠다 맹세했다.
나는 시지프스와 함께 거대한 바위를
밀어 올리겠다 맹세했다.

나는 시지프스와 함께 남아있겠다 맹세했다.
나는 뜨거운 열과 불꽃을 경험한다.
나는 풀과 가을에게
먼지의 송시를 써 줄
마지막 깃촉 펜을
눈먼 채석장에서 찾는다.

나는 시지프스와 함께 살겠다 맹세했다.(전문)

현대 아랍 시인들은 신화를 통해 아랍인들과 아랍세계의 특히 시인 자신들의 고통과 비극, 부활과 재생의 희망을 표출하였으며, 동시에 무함마드, 후사인, 하룬 알라쉬드 등 아랍의 역사적 원형들을 통해서도 고통 받는 개인, 몰락한 아랍세계의 부활을 간절히 희망하였다.

특히 아도니스는 장편시 〈머리와 강〉(1967)(대표시 란에 일부분 수록)에서 사도 무함마드의 손자이며, 이라크 카르발라전투에서 우마위야왕조의 야지드 1세 군대에 의해 잔인하게 살해된 후사인(후세인)의 죽음과 부활을 통해 1967년 6일 전쟁의 패배로 실의와 좌절에 빠진 팔레스타인 민족과 아랍인들에게 재생의 희망을 주고자 하였다. 이 시에서 후사인은 전설적인 영웅 또는 풍요의 신으로 간주되며, 그의 비극적인 죽음은 숭고한 희생으로 묘사되어 황무지에 풍요를 가져다 줄 것을 기약한다.[50]

시는 다리 위에서 진행되는 대화의 형식을 띠고 있으며, 강둑에는 많은 불구자들이 모여 있다. 강은 1967년 6일 전쟁에서 패배한 후 팔레스타인 난민들이 건넜던 요르단 강을 암시하고 있으며, 불구자들은 지치고 부상당한 팔레스타인 난민들을 상징한다. 대화는 전쟁에 관한

---

50) 시에서는 후사인의 이름이 거론되고 있지는 않지만, 여러 가지 상황으로 볼 때 강물 위를 떠내려 오는 머리가 후사인의 것으로 해석이 가능하다.

문제를 다룬다. 죽음의 공포와 함께 대지는 황무지로 변하고 푸른 초목은 사라진다. 그러나 시인은 죽음이 비록 승리한다 하더라도 인간이 맞는 최후의 단계가 아님을 확신한다. 인간은 무의식 상태에서도 소생을 꿈꾸기 때문이며, 결국 죽음은 패배를 맞게 된다. 이러한 믿음은 구원의 희망이 넘치는 강물에 실려 올 것이라는 합창대의 말로 표현되고 있다.

> 음악대(보이지 않고):
> 밤이 오기 전에
> 홍수가 올 것이다.(제2연 '부서진 시간' 1-3행)

아랍 민족에 대한 구원의 희망은 양치기의 상징으로 이어진다. 이 양치기는 예수 그리스도 탄생의 신호를 받았던 목자(牧者)와 관련이 있으며, 사건을 처음으로 알게 되는 인물이다. 양치기는 머리가 강물에 실려 그들에게로 오고 있으며 거의 도착하고 있다는 신호를 받는다. 그 머리는 후사인의 것으로 풍요와 소생을 상징하는 탐무즈와 동일시 된다. 양치기는 이 기쁜 소식을 강둑의 불쌍한 무리에게 알리고, 합창대는 죽어 있던 대지에 다시 생명을 가져다줄 후사인의 희생을 찬양하는 노래를 시작한다.

> 음악대 (보이지 않고):
> 그의 머리는 상처, 출혈
> 너희들 주변에 있는 그의 머리는
> 빵 같은 대지를 옮기는 비둘기
> 너희들 주변에 있는 그의 머리는 표식
> (제5연 '물에서 들려오는 소리' 12-6행)

음악대 (코란 낭송처럼):

　　물 속에서 들려오는 목소리가 말한다,

　　그는 죽음의 시대를 끝내기 위해 죽었다.

　　(조용한 음악. 다리 위에는 새들이 모여 있다.

　　시체들이 떠내려 온다.)(50-53행)

　강물에 떠내려 온 머리는 사람들에게 그 자신의 육신을 희생시켜 대지에 풍요를 가져오게 하라는 희망의 메시지를 전한다. 머리가 조국과 아랍인들을 향해 외친다.

머리 (홀로):

　　내 이마를 후벼 파라, 나를 묶어라

　　전쟁에 데려가라, 나를 죽여라

　　나를 갈기갈기 찢어라, 나를 잡아먹어라

　　나의 살점들 사이에서

　　도시의 연금술을 읽어라(131-136행)

　머리의 희생적인 죽음은 어머니인 대지와의 재결합으로 이어지고 이로써 소생과 부활이 성취된다. 여기서 후사인의 이미지는 풍요신의 이미지이다. 더욱 극적인 장면은 머리와 합창대와의 만남에 의해 이루어진다. 이로써 모든 이는 후사인이 되고 또한 예수가 되며 탐무즈가 된다. 시는 아랍 민족 또는 인류에게 희망과 용기를 갖게 하며 낙관적인 미래상을 제시하고 끝을 맺는다. 합창대가 인류의 소생을 선언한다.

머리 (음악대와 함께):

　　강이여, 나는 너와 함께 물처럼 왔다갔다

이름들과 사물들을 모았다
나를 안아 줘
내 목소리에 있는 천둥소리를
창조의 어리석은 생각을 불러내
강이여 본능을 따라가
청년이 되어라
처녀 피의 외침이 되어라

5. 맺음말

독일의 저명한 비평가이며 실존주의 철학의 대표자인 하이데거(M. Hidegger, 1889~1976)의 말은 아도니스의 시 세계를 매우 잘 평가하고 있다. "아도니스는 '사려 깊은 시인'이라 말할 수 있는 시인들 중 아랍어로 시작활동을 하는 거의 유일한 시인이다. 아도니스의 시는 풍요롭고 복잡하며 생경한 문체와 사상으로 인해 독자들에게는 매우 이해하기 어려운 시인으로 알려져 있다. 이런 점에서 아도니스는 독일 시인 릴케(R. M. Rilke, 1875~1926)와 가장 유사한 시인이다. 아도니스는 릴케와 같이 '보편적인 시인'이다. 아도니스의 시는 문화적·민족적 한계들을 특히 아랍이나 이슬람과 관련된 주제들을 다룰 때도 문화를 초월하기 때문이다."

아랍시인 아도니스가 지금까지 노벨상에서 주목받지 못했던 제3세계의 시인으로서 노벨문학상 후보에 매년 거론되고 있는 주된 이유는 무엇보다 전통 유산에 얽매어 있던 아랍시를 주제, 형식, 기법, 언어 등 모든 면에서 서구시에 필적할 만한 수준으로 끌어올린 그의 선구자 정신과 노력 때문일 것이다. 이와 더불어 영어가 아닌, 아랍어로 작품 활동을 하면서도 아랍과 이슬람의 한계들을 뛰어 넘어 인류 보편의 문제를 다루는 아도니스 시의 보편성은 그를 아랍시인이라고 부르는 것이 어색할 지경이다.

《아도니스 대표시들》

〈20세기의 거울〉

관(棺)이 아이의 얼굴을 하고 있다
책이
까마귀의 배에 기록된다
맹수가 다가온다, 그의 꽃을 가져간다

그의 바위가
미친 사람의 허파에서 숨을 쉰다

바로 이것
바로 이것이 20세기

〈기도〉

나는 네가 계속 재속에 있어달라고 기도했다
나는 네가 낮을 바라보기를, 초월하기를 기도했다
우리는 너의 밤을 탐험하지 못했다, 우리는 어둠과 함께

바다를 항해하지 못했다
불사조야,
나는 마법이 멈추기를
우리의 약속이 불속에서, 재속에서
이루어지기를 기도했다
나는 광기(狂氣)가 우리를 이끌어주기를 기도했다.

〈미나렛〉

낯선 이들이 와 미나렛을 샀다
그 위에 굴뚝을 지었다
미나렛이 울었다

〈베이루트의 거울〉(1967)

1
거리는 여자
그녀는 슬플 때 코란을 낭송한다
십자가를 그린다
그녀의 가슴 아래 있는 밤은
등이 굽고 이상하다

그는 봉지에
회색의 은빛 개(犬)들을
사그라지는 별들을 집어넣었다
거리는 여자
모든 행인을 물어뜯는다

그녀의 가슴 주위에서 잠자는 낙타들이
노래를 부른다
석유를 위해 모든 행인이 노래한다
거리는 여자
그녀의 침대에 쓰러진다

2
장미가 신발들 위에 그려져 있다

땅과 하늘은
요술경

지하실에
역사가 마치 관처럼 그려진다

죽어가는 별과 이슬람 공동체 움마의 통곡 속에서
남자들과 아이들과 여자들이 잠을 잔다
바지도 없이
외투도 없이

3
묘지
허리띠에는
금으로 된 지갑이 매달려 있다
수다쟁이 여자가 잠을 잔다
그녀의 팔에는 왕자나 단검이
잠을 잔다

〈새로운 노아〉

1
우리는 방주(方舟)로 항해했다, 우리의 노(櫓)들은
알라의 약속. 우리는 비와
진흙 아래서 살아난다, 그러나 인간은 죽는다
우리는 파도를 타고 항해했다 하늘은
우리의 인생들을 묶어놓은, 살해된 자들로 만든
밧줄이었다 하늘 사이에는
우리 사이에는 기도를 위한 창문이 있었다.

주여, 당신은 왜 모든 사람들과 모든 피조물들 사이에서
우리들만을 구하셨습니까?
당신은 우리를 어디에 던지나요, 당신의 다른 땅에
우리들의 고향에
죽음의 잎사귀에, 생명의 바람에 던지나요?
주여, 우리의 동맥에는
태양의 두려움이 흐르고 있습니다, 우리는
빛에 대한 모든 희망을 버렸습니다
우리는 인생을 처음부터 다시 시작할
다가오는 내일에 대한 모든 희망을 버렸습니다

오, 만일 우리가 창조를 위한, 대지를 위한
그 세대들을 위한
씨앗이 되지 못했더라면,
오, 만일 우리에게 진흙이나 숯이
남아있었더라면, 만일 우리가
중간쯤에라도 머물고 있었더라면
우리는 세상을 보지 않았을 텐데
우리는 지옥과 하느님을 두 번이나 보지 않았을 텐데

2
만일 시간이 처음부터 다시 시작되었다면
삶의 얼굴이 물로 뒤 덮이고
대지가 흔들리고 신이 미쳤을 텐데
노아야, 나는 신의 말에 주의를 기울이지 않았다
나는 내 방주로 항해를 시작했다
나는 죽은 이들의 채석장에서 조약돌과 진흙을 털어낸다
홍수를 위해 그들의 마음 깊은 곳을. 연다
그들의 정맥에다 속삭인다, 우리는
우리는 방랑에서 돌아왔다, 우리는 동굴에서 나왔다
우리는 세월의 하늘을 바꾸었다
우리는 바다를 항해한다 우리는 두려움에 굴하지 않는다
우리는 신의 말을 듣지 않는다

우리의 약속은 죽음
우리의 해변들은 우리가 익숙했던 절망. 우리는
쇳물의 빙하를 받아들였다
우리는 그 끝을 향해 헤치고 나아간다
우리는 계속 나아간다 그러나 신의 말을 듣지 않는다
우리는 그 대신 새로운 신을 갈망했다

〈西方과 東方〉

역사의 터널에 무엇인가
장식되고 채굴된 무엇인가가 자라고 있었다
석유로 만들어진 아이를 안고서 독에 중독된
독에 중독된 상인이 노래를 부른다
아이처럼 동방이 묻곤 했다
도움을 요청하곤 했다

西方은 신성한 노인.
지도가 바뀌었다
세상이 불타고 있다
단 하나뿐인
재로부터 수집된
東方과 西方은 무덤

〈예언〉(꿈)

우리의 삶 속에 무덤처럼 파여진 민족을 위해
마약에 찌들고 살해당한 민족을 위해
우리의 수천 년 잠으로부터, 우리의 불구 역사로부터
태양이 제식도 없이 온다
사막의 노인과 메뚜기들을 죽인다

시간이 그의 평원에서 자란다
그의 평원에서 시든다
마치 버섯처럼

살인과 파괴를 사랑하는 태양이
이 다리 뒤로 나타난다

〈죽은 신〉

오늘 나는 토요일의 신기루를
금요일의 신기루를 불태웠다
오늘 나는 집의 가면(mask)을 버렸다

나는 신을 눈먼 돌로
일곱 날의 신을 죽은 신으로 바꾸었다

〈뉴욕을 위한 무덤〉

1

지금까지 대지는 배(梨)로 그려진다
여자의 가슴 말이다
여자의 가슴과 대지 사이에는 기술적인 책략만이 있다:
뉴욕,
네 개의 다리를 가진 문명. 사방엔 살인과 살인으로 가는 길이 있다,
사방엔 물에 빠진 사람들의 통곡소리가 있다
뉴욕,
여자. 여자의 동상
한 손에 역사라고 부르는, 종이들에 의해 자유라고 불리는 넝마조각을 들고
있다
한 손으로 대지라는 이름의 한 아이의 목을 조르고 있다
뉴욕,
아스팔트 색깔의 몸뚱어리. 엉덩이 주변에는 젖은 벨트가 있다. 그녀의 얼굴
은 닫혀진 창문…… 나는 말했다. **월트 휘트먼**이 그것을 연다 "나는 태고
의 비밀을 말한다." 그러나 그의 주소로 돌아오지 않은 신을 제외하곤 아무
도 그것을 듣지 못했다. 죄수들, 노예들, 절망에 빠진 이들, 도둑들, 병자들
이 구멍도 없고 길도 없는 그의 목구멍으로부터 토해진다. 나는 말했다: **브
로클린 다리!** 그것은 **휘트먼과 월 스트리트** 사이를, 풀잎과 달러 지폐 사
이를 연결하는 다리……
뉴욕-할렘,
비단 단두대에 오는 이 누구인가, 허드슨 묘지에 가는 이 누구인가? 눈물의
계절이여 폭발하라, 피곤들이여 서로 싸워라. 푸름, 노랑, 장미, 쟈스민과 빛

이 핀들을 날카롭게 간다, 핀 구멍 속에서 태양이 태어난다. 무릎과 무릎 사이에 숨어 있는 상처여, 너는 불을 켰느냐? 너에게 죽음의 새가 왔느냐, 또 다른 기침소리를 들었느냐? 밧줄, 목이 슬픔 속에서 뒤틀린다. 피 속에는 스위스제 시계가 있다……

뉴욕-메디슨-에브뉴 파크-할렘,

권태가 일과 닮아 있다, 일이 권태와 닮아 있다 심장들이 스펀지로 채워지고 있다. 손들이 갈대처럼 부풀려 있다 오물더미와 **엠파이어스테이트** 가면 들로부터 냄새들이 널빤지를 매달고 널빤지가 역사를 높이 떠오르게 했다

시력은 맹인이 아니다 오히려 머리가 맹인이다

말(름)들은 황폐하지 않다 오히려 혀가 황폐하다.

뉴욕-월 스트리트-125번가-제5거리,

메두사의 유령이 어깨와 어깨 사이로 올라온다. 온갖 종류의 노예 시장. 인간들이 온실에서 식물들처럼 살고 있다. 보지도 못하는 불쌍한 이들이 우주의 조직 속에서 먼지처럼 스며든다- 소용돌이의 희생자들.

양은 장례식

낮은 검은 드럼

2

여기,

살해되기 직전에 있는 흑인이거나 죽기 직전에 있는 참새가 아니라면 세상의 바위 중 이끼 긴 방향에서 나를 볼 수 없다. 나는 생각했다.

빨간 화분에 살고 있는 식물이 변해버렸다. 나는 문지방에서 멀리 떨어져 있다. 나는 읽었다.

베이루트와 다른 곳에서 하얀 비단 위를 거들먹거리며 걷는 종이들로 무장하는 인간을 물어뜯는 생쥐에 관해

알파벳 정원에서 시를 부수는 돼지들에 관해.

나는 보았다.

피터스버그(국제 시 포럼), 존 홉킨스(워싱턴), 하버드(워싱턴 캠브릿지), 앤 아버(미시건 디트로이트), 외국 언론 클럽, 유엔 주재 아랍 클럽(뉴욕), 프린스톤, 템플(필라델피아)을.

나는 보았다.

아랍 지도를, 다리를 질질 끌고 가는 말을, 무덤을 향해, 꺼져버린 불을 향해, 꺼져 가는 불을 향해 안장주머니처럼 매달려 가는 세월을. 다른 연금술이 **키르쿠크**에서 **다란**에서 다른 것을 **아프로아시아**에 있는 아랍의 요새들 중 남아 있는 것을 찾아낸다. 그것이 바로 우리들 손 사이에서 성숙해지는 세상. 오 통제라! 제3차 대전이 준비되고 있다.

우리는 확실히 하기 위해 첫 번째, 두 번째, 세 번째, 네 번째 도서관들을 세울 것이다 :

1- 저쪽에서는 재즈 파티가 있다

2- 이 집에서는 잉크도 없는 사람이 있다

3- 이 나무에는 참새가 노래한다,

알려줍시다 :

1- 우주가 우리나 벽들로 나누어지고 있다

2- 세월이 밧줄이나 채찍으로 나누어지고 있다

3- 세상을 건설하는 조직이 형제를 살해하기 시작한다

4- 달과 해가 술탄의 의자 아래서 빛나는 두 개의 동전들이다.

나는

수많은 곳에서 동정의 눈으로 빛을 뿌리고 있는, 외로운 별로 빛을 뿌리고 있는 아랍 이름들을 보았다 "그에게는 형제들이 없다. 그의 발걸음에는 뿌리들이 없다……."

여기,

세상의 바위 중 이끼 긴 방향에서 나는 알고 있다, 나는 알고 있다, 나는 그 이름이 생명이나 내 조국인, 죽음이나 내 조국인 식물을 기억한다, 침대 시트처럼 얼어버린 바람을, 즐거움을 살해한 얼굴을, 빛을 쫓아 낸 눈을 기억한다. 조국이여, 나는 너의 적을 창조할 것이다

나는 너의 불지옥에 떨어지며 소리친다.

"나는 너를 위해 불로장생의 영을 떨어뜨릴 것이다. 너를 살릴 것이다."

나는 알고 있다. **뉴욕,** 내 조국에는 너를 위한 텐트, 침대, 의자, 머리가 있다. 모두 세일: 낮과 밤, 메카의 돌, 티그리스의 물. 그가 선언했다: 그럼에도 너

는 숨을 헐떡일 것이다, 너는 팔레스타인에서 하노이에서 북쪽에서 남쪽에서
동쪽에서 서쪽에서 불도 없고 역사도 없는 사람들과 서로 싸울 것이다.
나는 말한다, 세례 요한 이래로 우리 모두는 쟁반 위에 잘려진 그의 머리를
들고 제2의 탄생을 기다리고 있다……(하략)

〈머리와 강〉

(낡은 다리. 강둑에 그림자를 드리우는 세 그루 나무들 - 포플라 한 그루와
버드나무 두 그루. 환자처럼 보이는 몸이 불편한 여자들. 두 명의 노파들. 몸
이 불편한 엄마와 아이. 세 명의 노인들. 피곤함과 배고픔으로 누워 있는 두
명의 몸이 불편한 청년들. 흙탕물인 강물이 천천히 흐른다.)

1. 대화

노인(약한 목소리로):
전쟁은 외양간이야
양이지…….
노인(농담하듯이):
그들은
전쟁을 가방이라고 하던걸.
(잠시 침묵. 진지하게 말을 계속한다)
만일 전쟁이 가방이라면
우리가 그것을 진주로
채우자
그리고 그 안에 앉아서
참아보자.
청년(그는 군인이었던 것 같다):
그들이 전쟁은 베개라고 말했어

(잠을 자려고한 사람처럼 큰 대자로 눕는다)

아 졸려

노인 3(철학자처럼):

전쟁은 죽음을 위한

베개라네

(잠시 침묵. 다시 화난 말투로)

이 나라는

곡식이고

세월은 메뚜기 같아.

소리들(멀리서 희미하게):

무언가 알 수 없는 기둥들이

물밑에 숨겨져 있다

후손이여 너는

바다들로부터

머리들과 살인의

양념들로부터

숲들과 도끼들의 양념들로부터 오느냐

파도들의 자손이여 너는

사다리처럼 미지의 별을 향해 올라오느냐.

너, 나에게 대답하는 넌 누구? 나의 그리움은

여기서 쓰루나무처럼 잠을 잤다, 길어졌다.

그것은 바로 질문

내 몸 속에는

호수가 있다.

2. 부서진 시간

음악대(보이지 않고):

밤이 오기 전에

홍수가 올 것이다.

(그중 한사람이 관심을 갖는다. 그 사람은 들어가 네이[51])를 가지고 온다,

그는 이야기꾼인 듯하다)

이야기꾼(자연스럽게):

나는 강물에 머리가 떠있는

꿈을 꾸었어.

(여인 1 이 말을 가로막으며 졸리는 듯한 신비한 목소리로 묻는다)

여인 1: 당신은 그가 **오르페우스**[52])의 머리처럼 노래하고 오르페우스를 언

급하는 소리를 들었나요?

이야기꾼(확신하는 말투로):

나는 그가 말하는 것을 들었어:

(잠시 침묵, 무언가를 회상하는 사람처럼)

처음엔 강이

부서진 시간 조각들이

성난 파도의

치마에서 녹아 내렸어, 불타는 숯이……

(이야기꾼이 나간다)

목소리들(엄숙하게):

하 하

거짓 머리

하 하

거짓 머리

(멀리서 폭발하는 소리들. 시끄러운 음악소리. 잠시 후 세 개의 목소리들이

대화를 한다)

목소리 1:

　　처음엔 탄생의 반지였어.

---

51) 갈대로 만든 피리로서 '나이'라고도 한다.

52) 그리스 신화에 나오는 악사·시인. 아버지 아폴론에게서 수금(竪琴) 타는 법

　　을 배웠는데 그의 아름다운 수금 연주와 목소리는 짐승들과 숲 속의 나무들

　　에게도 감동을 주었다고 한다. 자세한 내용은 부록 〈오르페우스〉를 참조.

목소리 2:

마지막이었어.

목소리 3:

처음엔 석유와 돌을 쏘는 노포(弩砲)와

로마의 귀족 부인이었어.

목소리 2:

처음엔 머리가

바퀴처럼 돌았어.

목소리 1:

처음엔 미흐랍[53])의 돔이었어.

(잠시 침묵. 마치 꿈꾸듯이)

나는 그 지붕 아래로 들어가

올라갔지.

내가 돌아왔을 때

태양이 갈대가 되어 있는 것을

상인들이 내 문 주변에 모여 있는 것을 보았어.

목소리 3:

처음엔 내 옷을 하얗게 만드는

나방이었어.

(그가 손으로 가슴과 다리를 쓰다듬는다. 다시 세 개의 목소리들이 돌

아와 합창한다)

세 개의 목소리들(엄숙하게):

하 하 거짓 머리

하 하 거짓 머리

(낄낄거리는 소리. 사람들이 신발들과 소지품들, 아이들을 안고 마치

유령들처럼 다리 부근의 강을 건너간다)

(하략)

---

53) 모스크 벽면에 성지 메카의 카으바가 있는 방향(기도 방향)을 알려주는 아
치형 벽감으로서, 모든 무슬림들은 기도할 때 이곳을 향해 기도를 한다.

제 5 장

현대 아랍 출판계의 대부, 유숩 알칼

(1917~1987)*

1. 머리말

아랍시의 현대화 과정에서 나타난 매우 주요한 변화는 형식의 변화, 즉 자유시와 산문시 같은 '신시'(新詩)로의 변화이다. 그리고 이러한 변화의 진정한 선구자들은 아랍세계 최초의 자유시라 평가되고 있는 〈사랑이었나〉(1947)와 〈콜레라〉(1947)를 쓴 이라크 시인 바드르 샤키르 알사이얍(1926~1964)과 나직 알말라이카(1923~)였다. 특히 38세의 나이로 요절한 천재 시인 사이얍은 형식과 더불어 고대 신화와 이미저리를 통해 주제와 기법에 관심을 보였던 가장 위대한 아랍시인이었다. 그의 본보기들은 동시대 시인들, 특히 1957년 시리아-레바논 시인 유숩 알칼(1917~1987)과 아도니스(1930~)가 주도했던 '시'지에 참여했던 일단의 시인들과 비평가들에 의해 채택되었다. '시'지에 실린 시들의 특징은 한마디로 아랍의 현대적 경험과 어울리는 신화의 사용이었다. 이러한 신화의 신이나 영웅들이 고통이나 죽음에서 끝나지 않고 재생·부활되어지는 신화를 통하여 아랍시는 미래에 대한 낙관적 믿음을 보여주었다.

당시 유숩 알칼이 주도했던 화요 모임은 시와 현대성을 토론하는 장(場)이 되었다. 유숩 알칼은 휘트먼, 엘리엇, 파운드 등과 같은 저명한 영미 시인들의 시들을 아랍어로 번역·소개하였으며, 그의 출세작 《버려진 우물》(1958)은 신화가 새로운 시형식과 언어로 강력한 재생의 메시지를 전달할 수 있다는 매우 훌륭한 본보기가 되었다. 이미 언급했듯이 유숩 알칼은 1950년대 아랍세계에서 가장 큰 영향력을 발휘했던 '시'지를 주도하고 출판사를 설립하여 많은 아방가르드 시인들의 실험시들을 출판하였으며, 많은 영미 시인들의 시를 번역·소개함으로써 소위 '신시'가 나아갈 길을 개척하고 제시한 아랍시 현대화 운동의 선구자들 중의 일인이었다. 아도니스는 "유숩 알칼이야말로 아랍시에서 기독교 경험을 순수한 은유적 감각으로 표현한 최초의 아랍시인"이라고 평가했다.

우선 우리에게 소개되지 않았던 시인의 생애 및 작품들을 가능한 한 자세히 소개하고, 탐무즈 그룹의 기독교 시인으로서 탐무즈 신화의 직접적인 사용보다는 성서에서 가져온 십자가, 예수, 십자가에 못 박힘, 자기희생 등과 같은 탐무즈 신화의 다양한 변이형들을 시작품을 통해 고찰하고자 한다. 또한 그의 시에 자주 등장하는 '사막'과 '바다'의 이미지를 역시 시를 통해 살펴보고자 한다.

2. 생애 및 작품

유숩 알칼은 1917년(혹은 1916년) 시리아의 기독교 지역인 암마르 알후슨에서 프로테스탄트 목사의 아들로 태어났다. 몇 년 후 그의 가족들은 레바논의 트리폴리로 이주했고 그는 그곳에서 1926년부터 1932년까지 초등학교, 중학교, 고등학교를 다녔다. 1934년부터 1938년까지는 시리아 할랍(알렙포)에 있는 아메리칸 대학을 다녔으며, 그 후 레바논의 싸이다(시돈)에 있는 한 예술학교에서 아랍문학을 가르쳤다. 1942년에는 베이루트의 아메리칸 대학(AUB)에 입학해 철학과 문학을 공부했으며 1944년에 대학을 졸업했다. 졸업한 그해에는 AUB에서 아랍문학을 가르쳤으며, 베이루트 가톨릭 출판사에서 《자유》(1944)라는 제목의 시집을 출판했다. 1946년(혹은 1947년)에는 교직을 그만두고 레바논 여자 대학에서 발행했던 '여성의 목소리' 편집장을 맡았으며, 1948년 친구에게 편집장직을 물려주고 미국으로 건너갔다.

그 후 1948년부터 1955년까지 유엔에서 발행하는 영어판 잡지를 편집하는 일을 했다. 유엔에서 일하던 1950년부터 1952년까지 2년 동안은 리비아의 트리폴리와 제네바에서 일했으며, 이때 유럽 전역을 여행하였다. 1952년 다시 뉴욕으로 돌아와 2년 동안 잡지 '후다'(引導)의 편집 일을 보기도 했다. 1954년에는 그동안 베이루트, 리비아, 뉴욕에서 작업을 했던 극본 《헤로디아》[54](뉴욕, 1954)를 출판했다. 그리고 1955년 유엔의 일을 그만두고 가족들과 함께 베이루트로 돌아왔으며, 잡지 '사냥꾼'의 편집장으로 일하면서 또 다른 잡지 '빛들'의 창간을 준비했다. 그러나 그는 몇 달 후 잡지사 일들을 모두 그만두고 AUB에서 아랍문학을 가르치기 시작했다.

1956년경 유숩 알칼은 현대 아랍시에 전념하는 출판물이 전무하다는 사실을 깨닫고 현대 시인들의 작품들을 출판하는 잡지와 출판사를 준비하기로 결심했다. 그래서 그는 이주학파 시인들처럼 아랍시를 혁신하려는 마음을 가진 젊은 시인들, 특히 아도니스와 함께 잡지 '시'의 창간 준비를 했으며, 마침내 1957년 '시'잡지를 창간했다. '시'지 시인들은 시에 혁신적인 사상들을 채택하였으며, 산문시를 발전시킴으로써 아랍시의 지평을 확장하였다.

'시'지에 참여한 시인들은 유숩 알칼, 바드르 샤키르 알사이얍(이라

---

* 이 글은 2005년도에 《외국문학연구》 제19호에 게재되었으며, 일반 독자들을 위해 일부 내용을 수정하였다.

54) 헤롯 대왕의 아들인 아리스도불로의 딸. 숙부인 헤롯 빌립과 결혼한 후 다시 헤롯 안디바와 결혼해 세례 요한의 책망을 받았다(마14:3-12). 이에 앙심을 품은 헤로디아는 헤롯왕의 생일날 딸 살로메에게 아름다운 춤을 추게 하고 그 대가로 요한의 목을 요구하였다.

크), 아도니스(시리아-레바논), 운시 알핫즈(1937~/레바논), 샤우끼 아비 샤끄라(1935~/레바논), 푸아드 리프까(1930~/시리아), 무함마드 알마구트(1934~/시리아), 자브라 이브라힘 자브라(1919~1994/팔레스타인-이라크), 타우피끄 사이그(1923~1971/시리아), 칼릴 하위(레바논), 리아드 알라이이스, 이쌈 마흐푸즈(1939~ /레바논), 사아디 유숩(1934~/이라크) 등 이었으며, 대부분 기독교인들 이었다.

1958년 여름 AUB의 아랍문학 강의를 그만두고 '시'의 편집 일에 전념하였으나 1964년 경제 사정으로 인해 발행을 중단할 수밖에 없었다. 그러나 그는 '시'지가 추구했던 시운동을 계속하기 위해 '유일한 갈릴리'라는 잡지를 창간하였으며 이 잡지는 오늘까지도 계속 활동하고 있다. 1961년도에는 잡지 '문학'을 창간하였으나 2년밖에 존속하지 못했으며, 1967년 '시'지를 다시 복간하였으나 2년 뒤인 1969년 다시 중단되었다. 1970년에 '한낮 출판사'의 편집장을 맡아 신·구약성서의 아랍어 번역에 전념하였으며, 1979년에 아랍어판 《신약》을 출판하였다. 유숩 알칼은 아랍시 발전에 기여한 공로를 인정받아 레바논 공로상을 수상하였다.

유숩 알칼은 여러 편의 시집, 논문들, 수많은 번역서들을 발표했다.

시집으로는 《자유》(베이루트, 1945), 《헤로디아》(뉴욕, 1954), 《버려진 우물》(베이루트, 1958), 《40의 시들》(베이루트, 1960), 《엄선한 시들》(베이루트, 1963), 《시 선집》(베이루트, 1973, 1979), 《재탄생》(베이루트, 1981)이 있다.

논문들로는 '시의 현대성'(베이루트 1978), '돈 키슈트에게 보내는 편지들'(베이루트, 1979), '개들의 나날들'(베이루트, 1987), '칼릴라와 딤나[55]에 부쳐'(베이루트, 1987), '일상의 노트들'(런던, 1987)이 있다.

---

55) 《칼릴라와 딤나》는 인도설화집 《판차탄트라》가 페르시아를 거쳐 아랍으

번역으로는 레이몬드부르의 《아홉 개의 단편에 나타난 소비에트의 얼굴들》(베이루트, 1955), 릴렌드 드와이트 볼드윈의 《민주주의: 가장 크고 기본적인 희망》(베이루트, 1956), T. S. 엘리엇의 《황무지》(베이루트, 1958), 《미국의 시》(베이루트, 1958), 잭 마틴의 《미국에 관한 위험들》(베이루트, 1958), 칼 센드버그의 《아브라함 링컨, 오두막집에서 백악관까지》(베이루트, 1959), H. B. 반 와슙의 《서구를 향한 길》(베이루트, 196?), 《로버트 프로스트 시 선집》(베이루트, 1978), H. B. 반 와슙의 《일곱 현자들》(베이루트, 1963), 유슙 살라마의 《미국의 레바논》(베이루트, 1965), 노먼 프루스트의 《문학 3세기》(베이루트, 1966), 카말 술라이만의 《현대 레바논 역사》(베이루트, 1967), 지브란 칼릴 지브란(1883~1931)의 《예언자》(베이루트, 1968), 《신약성서》(베이루트, 1968), 일리야 F. 하리끄의 《현대 레바논 역사의 6가지 변화들》(베이루트, 196?), 《성서》(베이루트, 1993) 등이 있다.

로 유입되어 750년경 이븐 알무깟파(724~759)에 의해 아랍-이슬람적으로 번안, 개작된 작품이다. '칼릴라'와 '딤나'라는 두 마리 재칼을 중심으로 동물우화의 형식을 빌려 전개되는 이 작품은 꼬리에 꼬리를 물고 겹겹이 이어지는 독특한 이야기 방식을 통해 인간사의 온갖 측면을 흥미진진하게 펼쳐 보인다. 서구에서 《비드파이 우화》로 알려져 있는 이 작품은 서구인들 사이에서 '성경보다 더 자주 읽힌 책' 또는 '성경 다음으로 많은 언어로 번역된 책'이라는 평가를 받고 있는 아랍의 고전으로서, 한국에서는 1998년 《칼릴라와 딤나》(이동은, 도서출판 강)로 번역되었다.

3. 탐무즈 신화

탐무즈는 고대 바빌로니아의 신으로 '곡물의 신'이며 '아도니스'로 불려지기도 한다. 탐무즈 그룹에는 바드르 샤키르 사이얍, 칼릴 하위, 아도니스, 자브라 이브라힘 자브라, 유숩 알칼, 압둘와합 알바야티가 포함되며, 이들의 공통분모는 예수, 불사조, 탐무즈, 아도니스, 바알, 아티스 등 죽음과 부활, 희생과 구원에 관련된 신화와 아랍의 역사적 원형을 많이 사용하였다는 점이다.

탐무즈 운동의 원천으로는 오시리스, 탐무즈, 아도니스, 아티스 등의 고대 근동의 수확과 추수의 신들, 무함마드, 예수, 카인, 아벨 등의 무슬림·기독교 설화들, 마지막으로 영시, 특히 T. S. 엘리엇과 에디스의 시에 나타난 신화사용을 들 수 있다. 이러한 세 가지 원천들은 현대 아랍 자유시의 발전, 특히 탐무즈 운동의 기초가 되었다.

특히 탐무즈 시인들 중 기독교 시인들이 많이 사용했던 십자가, 십자가에 못 박힘, 예수의 부활 등은 탐무즈 신화의 변이형들이다. 이것들은 기독교 시인들에 의해 신·구약성서에서 취해졌으며 신화 상징의 원천으로 사용되었다. 유숩 알칼은 좀 더 나은 미래를 향한 비참한 현실의 초월은 새로운 생명(부활)이 뒤따르는 죽음(희생)을 통하지 않고서는 일어나지 않는다고 보았으며, 자신이 찾고자 하는 것을 탐무즈의 신화에서 발견했다. 시인과 탐무즈, 예수는 동일한 존재가 되었다.

유숩 알칼의 대표작이기도 한 〈버려진 우물〉(1958)은 사회를 부활시키기 위한 자기희생의 요구에 대한 훌륭한 본보기이다. 이 시는 시인의 이웃이며 오랜 친구인 아브라함(아랍 이름은 이브라힘)의 이야기를 한다. 그는 보통의 남자이지만 자기희생(죽음)이 그를 둘러싸고 있는 비참한 현실을 변화시킬 수 있을 것이라고 믿는다. 그러므로 그는 적과 대항하기로 결심하고 그의 친구들이 그에게 물러서도록 충고할 때 그것을 거부한다. 아브라함은 죽음이 백성들의 구원을 위해 필요불가결하다는 것을 인식하고 있다.

이 시는 십자가에 못 박히는 주제에 대한 현대적인 변이형으로서, 사회를 부활시키기 위한 사려 깊은 자기희생의 필요성을 강조한다. 아브라함은 시인 자신이며 자신의 문화를 구원하려는 희망과 비전을 가지고 있는 사람이다. 물은 생명과 재생을 상징하며, 무기력과 죽음을 상징하는 사막과 대조되는 이미지로 사용되고 있다.

나는 옛날부터
좋은 이웃인
아브라함을 알고 있었다. 나는 그가
언제나 물이 흘러넘치지만
사람들이 물을 마시지도 않고
돌멩이도
던지지 않고
그냥 지나가는
샘이라는 것을 알고 있었다.

"내가 만일 이마에 등불을 켠 돛대를 달고
다시 항해를 시작한다면……"
피로 얼룩진
종이 조각 위에서
아브라함이 말한다,
"조류가 방향을
바꿀 수 있을까, 가을 나뭇가지들이

새순을 틔울까, 과일이 익고
돌멩이에서 잎이 자랄까?"

"내가 만일 다시 살아나고
죽는다면, 하늘이
얼굴을 펼까, 독수리들이
대상(隊商)들의 머리 위에서 맴돌지 않을까?
공장들이 연기에 그을린 목소리로
웃을까, 소음들이
들판과 거리들에서 잠잠해질까?
가난한 이들이 굴욕의 눈물 대신
활짝 핀 얼굴로
끼니를 때울 수 있을까?"

"내가 만일 빛의 돛대 위에
다시 내 이마를 펼칠 수 있다면,
내가 만일 영원히 살 수 있다면,
율리시스56)가 돌아올까, 글쎄?
탕아(蕩兒)가 돌아올까, 양(羊)이 돌아올까?
눈이 멀게 된 죄인이 돌아올까
그래서 그가 길을 볼 수 있을까?"

적이 무시무시한 대포로
무장을 하고
군인들이 우박처럼 쏟아지는
총알 아래로 달려 나갈 때
그들은
"후퇴! 후퇴!

---

56) 호메로스의 서사시 '오디세이아'의 주인공인 오디세우스의 다른 이름.

뒤에 있는 은신처가
죽음과 포탄으로부터 안전해."라는 외침을 들었다.
그러나 아브라함은
작은 가슴을
수평선으로 채우며
계속해 달려 나간다.
"후퇴! 후퇴!"
뒤에 있는 은신처가
죽음과 포탄으로부터 안전해."
그러나 아브라함은 듣지 못한 듯이
계속 앞으로 달려 나간다.

그들은 그가 미쳤다고 했다.
그가 미쳤나 보다.
그러나 나는 옛날부터 좋은 이웃인
아브라함을 알고 있었다. 어린 시절부터
언제나 물이 흘러넘치지만
사람들이 물을 마시지도 않고
돌멩이를
던지지도 않고
그냥 지나가는
샘이라는 것을 알고 있었다.(전문)

　　유숩 알칼은 에즈라 파운드(1885~1972)에게 헌사한〈에즈라 파운드에게〉(1958)에서 기독교 성서의 이미지들과 에즈라 파운드의 시적 가르침, 그의 정치적인 시련 모두를 언급하는 인유를 사용하였다. 여기에는 박해받은 문학 선구자인 파운드와 고통과 시련 속에서 방황하는 시인 자신과의 관계뿐만 아니라 파운드와 예수 그리스도간의 미묘한 유추가 있다. 즉 시인 자신이 곧 예수이며 예수가 바로 에즈라 파운드인 것이다.

우리는 당신에게 무화과 잎을 요청했다
우리는 벌거숭이, 벌거숭이.
우리는 시에 죄를 지었다, 우리를 용서하소서.
우리에게 생명을 돌려주소서.
우리는 당신에게
이마의 눈물로써 시를 위한 선경(仙境)의
세상을 세울 것을
그곳 열쇠들을 만들 것을 약속합니다.
우리 선조를 위한 당신의 상처는
위안이요,
우리들을 위한 구원의 길.
유대인들이 그곳에서 당신을 십자가에 못 박는다면
당신은 이곳에서 부활할 것입니다.(전문)

시인은 〈뿌리들〉(1958)에서 인간의 생명과 식물의 생명을 비교하고 비옥신화인 탐무즈 신화와 결부시키고 있다. 시인은 시를 통해 재생이 일어날 것이라는 확고한 신념을 구체화하고 있으며, 시인이 태어난 시리아의 안정된 과거와 미래를 위한 영감을 부러지고 암울한 현실을 초월하여 연결시키려고 시도한다. 만일 겨울에 문화의 나뭇잎들이 떨어지면 그 뿌리들은 관대한 흙의 자궁 속에서 강해지고 활력을 되찾는다. 이는 뿌리가 활력을 저장하고 있으며, 운명적으로 꽃을 피우고 열매를 맺는 것이 과거와 예정된 미래를 연결시킨다는 증거인 것이다.

여름에 뿌리들은 자신들의 운명에 관해
묻는다, 그러나 강은 대답이 없다.
뿌리들은 얼마나 영광스러운지!
그러나 강은 대답이 없다.
강은 산속 옹달샘들에서 질식하거나

한낮의 더위 속에서 흙에 침입당해 누워 있다.

누가 이 뿌리들의 운명에 답해줄 것인가?

누가 가을에 그들을 안아주고 보호해줄 것인가?

누가 잔인한 겨울을 막아줄 것인가? 누가?

훌쩍거리며 울고 있는 나뭇잎들은 몸통.

비밀은 뿌리들에 있다.

뿌리들에는 우리의 어제가 있다.

뿌리들에는 우리의 내일이 있다.

여기 대추야자들과 오렌지들이 열려 있다.

저기 술 시중꾼이 포도들을 짜 술을 만든다.

메뚜기들이 있는 곳에는 과일이 없다, 자갈들뿐.

우리는 마치 바람처럼, 근원지로부터 왔다가 가버리는

열풍처럼 아무 소용없이 소리친다.

우리와 이방인 친구는 축축한 대지를

경작하고 복구시킨다.

흙은 우리에게 집이며 자궁이며 장막이다.

대지에서는 뿌리들이 공중으로 올라가듯이 시든다.

그러면 대지는 고향이 되고 추수가 된다.

앗시리아의 전설적인 수도였던 니네베[57]를 보라!

갑자기 소리를 지르는 징표가 나를 붙잡았다,

니네베를 보라!

옛날 나는 그곳에 내 친구의 얼굴을

조각했었다. 나는 손바닥으로 그것을 쓰다듬으며 말했다,

"이런, 메아리가 길어졌네.

인내는 작은 물방울

흙이 물을 마시고

급류들이 끊임없이 포옹하는 물방울.

---

57) 기원전 700년경 이라크 북부에 있었던 고대 앗시리아의 수도(현재의 모
   술 지역)이며 티그리스 강 유역에 그 유적이 남아 있다.

올빼미는 둥지에서 소리치지 않고
갈가마귀는 그 주위를 맴돌지 않는다.
모든 시간은 영원하고,
모든 여행에는 끝이 있다."
내가 돌아보는 곳마다 중단 없는 시간에 의해
새겨진 흔적들이 있었다.
이곳에선 어떤 것도 멈추지 않는다.

우리 할머니는 손자가 할아버지를 닮았다고 말씀하신다.
그는 팔을 허공에 휘저으며 걷고
일찍 돌아오기를 좋아하지.
그가 잠에서 깨어나면 새벽은
그의 눈꺼풀 주변을 둘러싼 창들의 숲.
다마스쿠스에서 나는 웅크리고 있는 센나케리브[58])를
그의 천막 아래 있는 죽음을 목격했다.
길에는 1001개의 유령들이 있다.
이 너머 얼굴들은 흙으로 만든 목이 긴 병들이며
순종하는 도장 반지는 녹이 슬었다.
양탄자들은 새로 변했던 바람들
혼자 있을 땐 바퀴로 변한다.
샤흐라자드[59])는 천일야화에서처럼 여전히
살아있다. 샤흐라자드는 훌쩍이며 울고 있는
몸통. 비밀은 뿌리들에 있다.
우리는 마치 바람처럼, 근원지로부터 왔다가 가버리는
열풍처럼 아무 소용없이 소리친다.

---

58) 성서에서는 '산헤립'이라고 하며, 앗시리아의 왕(BC 704/705~681)으로
 사르곤 2세의 아들. 니네베를 도읍으로 정하고 새 궁궐을 짓는 한편 도시
 를 확장하고 아름답게 꾸몄으며, 지금까지 남아있는 성의 외벽과 내벽을
 세웠다. 구약성서에 자주 등장하는 인물이다.
59) 천일야화에서 왕에게 재미있는 이야기를 들려주는 대신의 딸.

흙은 우리에게 집이며 자궁이며 장막이며
죽음만이 영원하다.

내 발들이 허공에 있다, 허공이
도망친다, 난 날개가 없다.
태양은 나를 데워주지 않고 바람은
내 몸을 가라앉히지 않는다.
여기에 나를 목매달았던 그가 내 목을
조르거나 나를 못 박으려 했을까
아니면 내가 형제의 은혜를 몰라 그가
나를 추방하려했을까.
여기, 여기 흙 위에 나의 이마가 있다.
흙 속에 나의 발자국이 있다.
나의 발자국은 사원들, 도시들.
눈물은 어떤 땐 유프라테스 강
어떤 땐 대양들.
나의 발자국은 피와 키스
나의 발자국은 기도.
주여, 나를 바로 여기로 불러주십시오.
주여, 나를 바로 여기 당신에게로 불러주십시오, 나를
바로 여기 흙으로 불러주십시오: 내가 만들었던
이 별은 홀로 외롭다.
계곡의 수선화들은 그걸 원하지 않아.
내 울타리 안에 있는 한살배기들도 그걸 원하지 않아.
나도 원하지 않고
나를 흙에게 주었던 너도 그걸 원하지 않는다.
내가 첫 번째 산을 올라갔을 때 나에게
등산을 가르쳤던 이
누구이며, 하산을 도와주었던 이
누구이며, 강제로 출발점으로 돌아가게 했던 이

누구였던가? 글쎄, 누가 나에게 권유했던가?

주여, 나를 바로 여기로 불러주십시오.

주여, 나를 바로 여기 흙으로 불러주십시오.

우리에게 흙은 집이며 자궁이며 장막입니다.

대지만이 오로지 영원하다.

나의 이방인 친구여, 우리는 훌쩍이며 울고 있는

나뭇잎 같은 몸통,

비밀은 뿌리들에 있다.

바로 여기 뿌리들이 흙에게 그들의 운명에 관해

묻는다, 그러나 강은 대답이 없다.

여름에 강은 대답하지 않는다.

그럼 누가 뿌리들에게 그들의 운명에 관해

대답해주며, 그들을 안아주고 보호해주나.

가을엔 누가 잔인한 겨울을 막아주나.

봄이 오고 있다.

반드시

무덤들로부터 들판들로부터 오고 있다, 오고 있다.

죽음과 생명은 하나.

대지만이 영원하다.(전문)

4. '사막'과 '물'의 이미지

유숩 알칼의 많은 시에는 '사막(모래)'과 '바다(물)'의 대조적인 두 가지 상징들이 빈번히 사용되고 있다. 유숩 알칼에게 있어 '사막'은 죽음을 상징하며, '바다'는 모험정신, 미지의 세계에 대한 열정, 아랍세계의 재생에 관한 요청과 열망을 상징한다. 이러한 상징들은 세 개의 연작시(〈기도〉, 〈여행〉, 〈귀환〉)에서 매우 명백하게 나타난다.

시인은 〈기도〉(1958)에서 자신의 영혼에게 검은 장막들을 찢어버리고 새로움과 반항을 찾으라고 촉구하며, 바다를 향해 기도한다. 바다의 세계는 황무지와 사막을 위한 문화적 대체물이다. 그 위를 황무지의 발들이 걸어간다. 황무지가 불임과 갈증, 문화적 파산을 연상시키는 반면에, 바다의 세계는 세상의 모든 빛을, 비와 과일을, 섬들을 아우르기 위해 나타난다.

이 시에는 페니키아인들의 영광에 대한 암시가 있다. 페니키아인들은 바다로 항해한 첫 번째 사람들이었으며, 알파벳(쐐기문자)을 발명하고 그것을 다른 국가들에 전해준 최초의 사람들로 알려져 있다. 그들은 대양 무역과 문자를 발명한 영광의 사람들인 것이다. 이곳의 물은 피와 관계가 있다. 시인은 고대 앗시리아 영광의 부활을 고대하며 바다를 바라본다.

> 우리는 우리의 얼굴들을 알고 있었다. 태양은
> 배들 위에 있는 먼지였다. 수평선은
> 찢어진 돛이었다, 탐무즈는
> 눈에 상처를 입었다, 예수는
> 성서의 한 페이지였다.
> 향수로 된, 술로 된, 대리석으로 된
> 세상은 얼마나 아름다운지!
> 사라진다, 세상의 화염에 의해 사라진다.
> 세상의 번개들은 대추야자로 만들어졌다,
> 한낮의 더위로, 하늘에 묻혀진
> 글자들로 만들어졌다.
> 만일 낮이 묶여있지 않았다면 우리의 이마들이

어떻게 가라앉았는지 보라, 피가
어떻게 우리의 동맥들에서 메말랐는지 보라,
신의 목소리가
어떻게 쉬었는지 보라, 보라.
오솔길은 버려지고, 넓은 집은
텅 비고, 해안은 파도들이 떠나버린
모래의 침대가 되었다.
부히발디사르의 영혼이여,
검은 장막들을 찢어버려라
새로움과 혁명을 바라보아라.
해변이, 구원이 팔을 벌린다
배가 그 위로 올라온다.

바다여, 희망이여, 바다여
우리에게 친절하라, 친절하라, 친절하라!
채찍들이 우리의 희생을 찢어버린 이후에야
우리는 너로부터 우리의 얼굴들을 알게 되었다.
노예들은 잉태의 상처들에 자비를 베풀지 않았다.
바다여, 모든 상처들은
잉태들, 우리는 탄생을 위한
역사, 깊은 요람. 어떤, 어떤 신은
우리들 사이에서 빛을 보지 못했다, 사는 법을
불행해지는 법을, 죽는 법을 가르쳐주지 않았다.
우리는
바다여, 오랜 세월로 만들어진
세월의 돌이 우리를 만들었다.
너의 계곡을 둘러싸고 있는 돔들이
너에게 있다. 사방에는
그 성소에서 온 이야기가 있다. 노인이여,
긴 시간이, 어제의 이야기들이, 조각들이 지나갔다.

눈먼 모래들의 발톱이 그것을 집어삼키지 못했다.
수천 세대가 수천 세대에서
죄수의 물에서 파도의 메아리를 돌려준다.

바다여, 신을 향해 우리가
쭉 뻗었던 팔이여. 우리가 너에게 보내졌다, 우리가
너의 두 눈빛으로부터 생명을 되돌려줍시다.
우리 돌아갑시다, 바람과 함께 우리의 돛들을
풀어줍시다, 우리 땅을 위해 하늘을
눈물을, 새로운 피를 가지고 떠납시다.
이 땅은
황무지가 되었다, 다시
뿌리가 되었다. 그로부터 서방(西方)이, 바벨이
주변을 둘러보았다. 저 죄수들은 기꺼이
송아지에게 고개를 숙이고
죄인들에게 고개를 숙였다.
죄인들에게 고개를 숙이다니.
메아리는 여전히 돌아오고, 뻗어나간다
"그들이 그를 십자가에 매달았다.
그들이 그를 십자가에 매달았다!"
바다여, 희생자에게는
아벨 이래로, 소크라테스 이래로
창조를 위한 빵 부스러기가 있다, 술이 있다.

만일 낮이 묶여있지 않았다면, 만일 눈이
감겨있지 않았다면 죽음의 검은 빛은
너무도 아름다웠을 텐데, 만일
얼굴들이 그녀를 알고 있다면
소금이 되었을 텐데.
바다여, 구원하는 이여

희망을 돌아오게 하는 이여
제발 우리의 기도에 대답해주소서.(전문)

　연작시의 두 번째 시 〈여행〉(1958)에 나오는 시적 화자와 그의 동
료들은 영웅적인 이상(理想)들을 찾아 자신들의 집에 위안과 위로를
제공하는 모험심 강한 인물들이다. 이시타르, 아도니스, 바알의 희생
에 대한 언급을 통해 여행에 종교적이고 신성한, 정신적인 중요성이
부과된다. 시인은 무기력과 실패의 상징인 모래에 빠져 있는 게으른
동료들의 목구멍으로부터 나오는 비난의 외침들을 뒤로 하고 모험이
넘치는 바다로 되돌아온다.

　시인은 "역사를 쓰는 눈을 가득 채우는 빛 글자들에 관해 알려주었
다."라고 하며 페니키아인들이, 알파벳을 창조하고 그것을 다른 나라
들로 전파한 최초의 사람들이라는 사실을 언급한다.

　또한 시인은 "운명과 맞서 싸우는, 사막에 있는 어금니들이 도시들을
일구는 섬들에 관해"라고 시리아의 기원이 되었다고 믿어지는, 용을 물
리치고 테베를 건설한 영웅 카드모스(Cadmus) 신화[60]를 언급한다.

　기독교 시인인 유숩 알칼은 "신을 찬양하라."는 뜻의 기쁨이나 감
사를 나타내는 기독교적 감탄사 '할렐루야'를 두 번 혹은 세 번 연속
해 반복함으로써 등장인물들의 여행을 격려하는 힘차고 희망찬 음악
적인 효과를 창조하고 있다.

---

60) 카드모스는 거대한 바다짐승을 살해하고 가까스로 천공 신 우라노스와
　　대지의 여신 가이아 사이에서 태어난 신족(神族)인 타이탄들에게 납치되
　　었던 여동생 유로파를 찾게 되고 바다짐승의 이빨 다섯 개를 그리스의
　　섬들에 던져버렸는데 각각의 이빨이 있는 곳에서 도시가 생겨나게 되었
　　다한다. 자세한 것은 〈신화 속 인물들〉을 참조.

한낮에 우리는 안전한 항구로 내려와
여행을 위해 배들의 돛을 펼친다.
우리는 소리친다, 사랑스런 바다여
눈과 눈꺼풀처럼 가까운 이여
우리가 간다.
언덕에 남아있는 동료들은 낮잠을 더 좋아하지만
우리는 여행을 떠난다.
목동들이 우리에게
위험을 사랑하고
속박과 조심을 싫어하는 섬들에 관해,
사막에 있는 어금니들이
운명과 맞서 싸우며
도시들을 일구는 섬들에 관해,
역사를 쓰는
눈을 가득 채우는 빛 글자들에 관해 알려주었다.
작은 어른들이
그것을, 놀라운 그 색을 꿈꾼다.

그때 우리는 식수통과 물통을 실은
우리나라에서 나는 비단과 술을 실은
과일들을 실은 배에 올라탔다.
우리는 소리친다, 배여!
우리를 격려하는 계단이여,
다른 사람들이 우리에게 도착한다.
값비싼 것을 가지고 우리에게 온다.
달콤한 것을 가져온다.
배여,
우리가 외로운 너에게 왔다.
뒤에 남은 우리의 동료들은
한낮 열기의 자비와 불평과 화내기를 좋아하지만

우리는 여행을 사랑한다.
우리의 산에 있는 목동들이
비가 퍼붓는,
구름과 야만인의 코 고리와 비가 퍼붓는 섬들에 관해
문명이 살고 있는 섬들에 관해 알려주었다.
작은 어른들이
그것을, 그 놀라운 색을 꿈꾼다.

막 출발하기 직전 우리는
한 마리는 이시타르를 위해
한 마리는 아도니스를 위해
한 마리는 바알을 위해 양들을 잡는다.
그리고 우리는 바다 바닥으로부터
쇠 닻을 끌어 올린다
여행을 시작 한다.
할렐루야
할렐루야.
잠시 후 우리의 시야에서
산이, 안전한 항구가
꽃으로 가득 찬 초원이 사라진다.
할렐루야
할렐루야
할렐루야.
우리는 여행을
귀환과 투쟁과 승리의 역사를 시작한다.(전문)

　　연작시의 세 번째 시 〈귀환〉(1958)은 영웅의 영광스런 귀환이 예상
되고 그의 성공이 축하되는 희망의 노래이다. 시인은 시리아인들의
의지와 야망의 상징이었던 사이프러스 섬[61]과 카르타고 뒤에서 구원

이 나타나는 꿈을 꾼다.

내일 나의 주인이 돌아올 것이다.

그의 돛은 황혼녘의 하얀 구름 같다.

나는 그가 언제 등장할지 알고 있다. 어떻게 몰라?

그의 실들은 나, 나는 실타래, 내 손가락들이

그것을 촘촘히 짰다, 내 피들을 씻겼다.

그가 수평선 저 멀리서

구름처럼 나타날 때를 내가 어떻게 몰라?

내일 나의 주인이 돌아올 것이다

사랑하는 사이프러스 뒤 미지의 세계로부터

카르타고 뒤로부터 돌아올 것이다

나에게 돌아올 것이다.

뿌리 깊은 우리의 이마는 산의 얼굴,

푸른 바다. 그의 눈은

깊이를 알 수 없을 정도로 깊다. 그가

우리에게 돌아올 것이다

황금을 가지고

해골 모양의 은 괘들을 가지고 돌아올 것이다.

바로 여기 대리석은 향로들이다.

영웅에게는 그의 칼을 쥐고 있는 신이 있다.

나의 주인은 상아로 만든 왕 홀을 가지고

진귀한 보석으로 만든 침대를, 옥쇄를 가지고

왕관을 위한 귀중한 보석들을 가지고 돌아올 것이다.

나의 주인은 사랑과

희망을 가지고 나에게 돌아올 것이다.

---

61) 페니키아와 카르타고의 지배를 받았으며, BC 217년경에는 로마에 점령되
    었고, 870년경에는 아랍의 지배를 받았다. 그리스어로는 키프로스라고도
    하며, 1974년도에 터키령과 그리스령으로 분단이 되었다.

나는 손을 쭉 뻗는다.
천 개의 천국이 나타난다.
천 개의 생각이 향기를 풍긴다.
나는 낙타몰이꾼. 술이 흐르는 시냇물이여,
협곡의 해변이여, 내 입이여!
나의 두 가슴은 지쳤다. 신기한 섬들과
걸프에는 언덕이 있다, 배들이여 피난하라!
여기 벌집이 꿀로 가득 찼다.
포도나무들이 포도송이를 한껏 매달았다.
조심하라! 이것은 사랑하는 나의 주인에게는
금지된 것.
그는 사이프러스 뒤 미지의 세계로부터
카르타고 뒤로부터 나에게
승리의 왕관을 쓰고 돌아올 것이다.

신이시여, 기다려주지 않는 바람이여.
평원의 길고 긴 밤
별들이 언덕들 위에서 불탔다.
나는 작아지는 벽들이 두렵다.
갑자기 연못에서 헤엄치는 것이 두렵다.
기다려주지 않는 신이여,
나에게 연인을 돌려주십시오,
신처럼 그를 돌려주십시오.
나는 그를 포옹할 것이다, 그에게 키스를
달콤한 키스를 퍼부을 것이다,
포근한 내 몸에
영원히 그를 살게 할 것이다.(전문)

대표작으로 평가되고 있는 〈영원한 대화〉(1958)에서 시인은 기계

문화를 거부하고 동시에 조국의 문화적인 뿌리들을 거부하며, 이슬람 이전의 순수한 아랍 전통으로부터 영감을 얻지 않는다면 어떠한 구원도 이루어질 수 없다고 생각한다. 또한 모래와 불모의 글자들의 세계를 거부한다. 왜냐하면 그곳에는 삶도 없고 죽음도 없기 때문이다. 모래는 조국의 역사를 파괴하는 요소이며, 문명이 있는 바다는 모래의 문화로부터의 구원에 대한 상징이다. 만일 바다가 퇴각하고 작아지면 세상은 모래에게 쉽게 공격당하게 될 것이다.

> 언제 우리의 죄들이 지워질까? 언제.
> 비참한 이들의 고통들은 떠날까? 언제.
> 의심의 손가락들이 우리를 만질까? 우리는
> 길 위에서 죽고, 그것을 알지 못하는 걸까?
> 우리는 태양계의 모래 장막에 의해
> 발굽들에 의해 흩어진 먼지 장막에 의해
> 보이지 않고 가려져 있다.
> 너는 나에게
> 내가 아직 어린애라고 말한다. 날 잘 봐.
> 내 젖은 셔츠에는 홍수가 남긴
> 자국들이 있다, 내 눈에는 아직 깨어나지 않은
> 첫 눈물을 흘린
> 순수한 비밀들이, 열정들이 있다
> 나의 어린 몸을 채우는 상처들이 있다.
> 목마르니? 바위를 쳐.
> 어둡니? 무덤에서 바위를 굴려버려.
> 굶주림이 너를 깨물면 만나[62]와

---

62) 이스라엘 민족이 모세의 인도로 이집트에서 탈출하여 가나안 땅으로 가던 도중, 광야에서 먹을 음식과 마실 물이 없어 방황하고 있을 때에 여호와가 하늘에서 날마다 내려 주었다고 하는 기적의 음식. "만나는 고수

메추라기들을 먹어. 벌거숭이가 되면
올리브 잎으로 만든 옷을 입어
사람들로부터 너의 치부를 가려.
커다란 시련 속에선 욥의 인내[63]로
견뎌내고 만일 악(惡)이 만연하면
절망하지 마. 신의 십자가가
시간의 언덕 위에 세워진다. 해변의
등대들이 불을 켜면 우리는 손으로
새벽의 이마를 칠 것이다. 우리는 바위로부터 물을,
바다로 모래를 씻어 내리는 물을 끌어낸다. 수평선에는
밤의 해골에 자리 잡은 새의 날개들이 있다.
지나가는 행인에게 말구유 이야기를
하는 희미한 별이 있다. 비밀 속에는
시야를 가득 채우는 신이
아직 죽지 않은 신이
상처 입은 이들에게 사랑을 퍼붓는
신이 있다.
나의 길 위에
악어들과 가짜 악어들이 있다.
집을 가득 채우는 올빼미들과 갈가마귀들이 있다.
격렬한 폭풍으로, 홍수로, 죽음으로 위협하는
검은 구름들이 있다.
길 가에는 굴욕 속에서, 외로움 속에서, 현재 속에서
뼈들이 굳어졌다.
여기 벌거벗은 채 기어가는 존재가 바로 인간이다.
그 인간은 신의 모습을 하고 있나?
나는 그가 악마의 살로부터 얇게 잘려지는 것을 본다.

풀씨처럼 생겼고 빛깔은 브델리움 같았다."(민수기 11:7)
63) 구약 성경 〈욥기〉의 주인공. 가혹한 시련을 견디어 내고 믿음을 굳게 지
킨 인물로 알려졌다.

나는 그가 숲 속에 사는 용을 죽였던 것을 본다.

용의 피가 정복을 위한

시작이 아직 시작되지 않은 세상과의 만남을 위한

갈증을 적시도록

대지로 흐르게 내버려 둬.

나는 그가 손바닥으로 우주를 옮기고

그것을 회랑에 던져 버리고

죽음이나 비밀에 의해 도달하기 어려운

강철 집을 지은 것을 본다. 나는 그가 눈 속으로

바다를 흘러들어가게 하고 그의 머리를

모래 속에, 적들의 두려움 속에 숨긴 것을 본다. 글쎄,

맹인이 적들을 볼까?

그의 적들은

사랑이나 증오로 고동치는 정맥들

뜻 모를 말들을 지껄이는 혀

길을 잃고 헤매다 지친 마음.

우리는 과거의 노예들이다, 미래의

노예들이다, 태어나서 죽을 때까지

굴욕을 키우는 노예들이다. 우리의 죄들은?

시간의 손이 우리의 죄들을 만들지 않았다

우리가 우리 스스로의 손으로 죄들을 만들었다.

태양은 우리를 부활시키기 위해 빛나지 않았다.

여기 빛의 묘지가 있다. 여기 모래가 있다.

여기 순진한 어린 새들이 독수리가 된다.

여기 첫 밀알이

죽는다. 여기에는 의심이 존재하지 않는다.

말씀이 진실한 혀 위에서 죽는다.

신의 십자가는 우리의 죄들을 지지 않았다.

만일 우리의 날개들이 바람과 싸운다면

만일 비밀의 봉인이 부서진다면
죄들이 지워질까? 세상이 우리에게 복종할까?
나의 내일의 환상으로 물건들을 만든다.
선조들의 경우도 그랬다.
이별한 갈가마귀는 우리 희생자들에게
더 이상 동정심을 갖지 않는다.
단지 신만이, 과거에 신이었던 어떤 것만이
죽은 이로부터 소생했다. 우리는 빵처럼 그의 살을
먹었고, 술처럼 그의 피를 마셨다
빵은 우리를 충분히 만족시켜주지 못했고, 술은
우리를 취하게 하지 못했다.
말(馬)아래 숨겨져 있는 등불은
어떤 용도인가?

글쎄, 죽음이 마치 우리처럼 당황해서
우리를 손에 넣을까? 우리는
되어왔던 것이나 되었던 것을
이해하지도 받아들이지도 못했다.
우리는 신념이, 손이, 사랑의 속죄가
이삭처럼 우리를 구제하지 못한다는 것을
믿을 수 없었다.
신의 십자가가 시간의 언덕 위에
세워져 있다. 그것으로 우리의 죄들이 지워질 것이다.
그것으로 비참한 이들의 고통들이 떠날 것이다.
그것으로 의심이 우리를 만질 것이다.
그리고 지상에 죽은 이의 이야기가 끝날 것이다.(전문)

시인은 〈장편시〉(1960)에서 모래의 문화에 의해 형성된 역사를 언
급한다. 또한 아랍 사회의 권위주의와 정체, 평범함, 잘못된 가치들을

마치 선지자처럼 맹렬히 비난한다.

나는 군중들 속에서 한 명의 주인도 보지 못한다.
호수 위에 펠리컨들이 흩어져 있다.
수평선에는 한 마리의 독수리도 보이지 않는다.
물은 정지해 있고 바로 눈앞에 호수가 있다.
공기는 무겁고 빛도 무겁다. 당나귀가
기적도 없이 말을 한다. 맹인이 기적도 없이 눈을 뜬다.
죽은 자가 기적도 없이 일어난다. 기적들은
기계의 숫자들
하늘은 영원히 예측이 불가능하다
나는 말할 때 침묵한다.
내 옆에 있는 여자는 정장을 입고 있다
나는 컵이 비어있지만 물을 마시고 입술이 없지만
미소를 지을 것이다 나는 어둠 속에 뿌렸던
들판을 수확할 것이다
나는 도둑들이 기다리는 밤.
나는 길가에 병을 심고 그것을 여자라고 상상할 것이다
따스함을 따스함을 줘! 내 살은 마치 죄처럼 차갑다
수천 년 동안 나는 나뭇잎을 씹고 있었다.
수천 년 동안 나는
죽은 말을 타고 있었다. 수천 년 동안 나는 얼굴도 없이
지나갔다.
내 가면은 묘비
오늘 나는 여권도 없이 여행한다. 내 돈은 위조지폐
내 머리는 대머리
갈대 숲 바람 소리가 나를 환호한다.

레바논의 해변 가에서 나는 소리를 지르며 서있다.
얼마나 오랫동안

나는 죽어야하나

죽지 않나? 얼마나 오랫동안 나를 떠난 사람을

기다려야하나?

나는 돌아갈까? 얼마나 오랫동안 나는

썰물에 해변에 앉아 눈물을 흘리며

조류를 받아들여야하나?

나는 죽고 싶어, 바람이 나를 뿌리게 내버려 둬!

나는 연인에게로 돌아가고 싶어 파도들이

나를 동정하게 내버려 둬.

황야에서 풀들이 향기도 없이 기도한다 교회에는

십자가가 없다 벽에는 그림이 없다 문들은 열려있지만

아무도 들어가지 않는다.

존재하지 않는 너, 나를 포옹하라!

늑대는 먹고 나는 배고프다 벽은 일어서고 나는

앉아있다 돌들은 욕망과 불덩어리 나는

영혼의 컵 속에 들어 있는 얼음 덩어리

기쁨이 손을 쭉 뻗게 하자 그의 아이가

풀 속에서 웃는다.

기쁨의 남자가 바람과 함께 강 아래로 여행한다.

시간이 가을 태양 속에

다리병신처럼 앉아 있다. 죽어야하는 존재

나는 무엇이 두려운가?

죽지 않는 존재, 나는 어떻게 순응할까?

누가 나에게 죽음을 주나, 나는 살 수 있나?

내 말의 이마는 바람의 손잡이 그의 발굽들은

마치 강물처럼

꿈속을 달려간다, 그의 몸통은 도시의 주변을 비추는 빛.

나는 스스로 눈을 가리고 다리병신처럼

땅 위를 걸어갈 것이다

문 옆의 남자는
자욱한 연기를 내뿜고 문 옆의 여자는
쇠 손잡이를 가지고 있다
우리들 가운데 있는 이방인은 비쩍 말랐다
새벽에 나는 나의 율법들을 저주하지 않을 것이다
죽음의 왕국으로 가는
나의 여행을 끝내지 않을 것이다
호수의 괴어 있는 물에서 나는 시인 후따이야처럼
내 얼굴을 풍자한다.
군중들 속에서 나는 순교자 핫자즈처럼 가면을 벗는다.
나는 수수께끼 같은 사람 나는 별처럼 떨어진다.
내 날개들은 비상하는 새
선생이여, 내 얼굴에 침을 뱉어라!
당신의 침대는 이 없는 입.
모래를 달리는 이 누구이며 책들의 여백에
살고 있는 이 누구인가? 저 눈먼 몰이꾼은 누구인가?
흰 것이 타고 있다 검은 것이 가슴으로 바뀌었다.
내가 자랐던
그림자 아래 있는 나무는 시들어 버렸다.
녹음기는 돌아가고
어느 누구도 듣지 않는다. 인생이
우산 아래에서 발견될 것이다.
여자의 허벅지는 동전 두 개의 가치가 있다.
매일 산들은 움직이고 집들에는 아무런 믿음이 없다.
낡은 것이 새로운 것의 짐이며 새로운 것은
채 성숙되지 않은 가슴이다.

내 눈들은 수평선을 향해 있다 나는 어둠 속에서
고개를 숙인다.
내가 사랑했던 사람은 떠나 돌아오지 않았다.

봄이 왔을 때부터
나는 울며 기다렸다.
하늘은 구름이 끼어있고 수평선엔 아무런 배가 없다.
파도에는 모래가 없다.
그물들은 바람에 강타당한 야자수 나무
내 입에는 솔송나무와 벌집이 있다.
들어봐, 내 어머니는 임신을 못하고
내 아버지는 교회의 목사야
나는 광인을 연기하는 기적이지
나의 신이 나에게 이야기한다, 내 살이
나에게 이야기한다, 내 상처들은 여전히 선명하다.
환전상들이 교회 모퉁이들에 떼를 지어 있다.
내 아내
내 아내도 나를 떠났다.
내 목은 나무, 내 머리는 신문 더미 위에 놓인
건초 다발
때려! 나는 바빌론 사람 내 정원들은
거리의 소음들 가운데
매달려 있다.
나와 하늘 사이에는 찰나의 순간이 있다 내 개들은
안마당에서 짖고 무덤들에는 아무런 뼈다귀들도 없다.
신의 도시에선 검은 파리들이 눈알들을 먹고 산다.
때려! 망설이지 마 윗방에서 너는 나에게
두 번의 키스를 했다.
너의 주머니들에는 은이 있다 무덤은 깊고
나는 일어나지 못할 것이다.
나의 백성들이 하늘을 열망한다 그들이
어떻게 계곡들로 내려올 수 있을까?
그들의 피부에서 나는 냄새는 고약하고
그들 어느 누구도 빛 속을 걷지 못한다.

때려! 나는 돌 위에 앉지 않을 것이다
내 목은 아무런 뿌리도 없고
내 몸은 버려진 막대.

내 무덤 위에서 춤추지 마, 난 아직 죽지 않았어!
나는 새벽부터 바라보고 있는 중인데 군중들 속에는
주인이 없어.
쥐들은 왕의 군대, 무기들을 위해 그들은
늪의 침대에 빠진
다리들을 가지고 있다.
이것들은 누구의 담갈색 눈들인가? 누구의 게으름이
이 엉덩이들을 모으나?
바람 앞의 갈대처럼 흔들리고 비틀거리는 배들은
누구의 것인가?
겁쟁이가 자신은 고요한 숲이라고 한다.
다리병신이 자신은 교차로라고 한다.
내 말들은 마른 석탄 같고 검은 관 같다.
내가 인간들을 위해 훔친 지식이 나와 함께
구덩이에 떨어질 것이다.

떨어지는 과일은 짓밟힐 것이다.
황무지는 파괴될 것이다.
맹인 앞에서 우리는 손가락들을 세고 술탄 앞에선
기도 양탄자들처럼 침묵한다.
독수리들은 사막에 둥지를 틀고 성자들은
진흙탕 속에서 기도한다.
일자리를 얻지 못한 사람은 그들의 모자들을
벗어야만 한다.
우상이 교차로에 앉아 그의 부패한 상처들을
햇볕아래 펼치고 있다 그는 우리 가운데

그의 몸통을 뻗치고
그의 무시무시한 혀를 쑥 내민다 그는
정글의 냄새를 가져오고
자신을 노란 바람들로 감싼다
모든 집에 그가 앉아 있고 화덕에는 재가 없다
너를 놀라게 했던 삼위일체는 이제 하나다
삼위일체의 빵은 돌
삼위일체의 포도주는 옴약
과부의 동전은 위조화폐, 죽음은 텅 빈 손.
압드 나일에게 나는 내 이야기를 낭송한다.
그의 노예들인 남자들과 여자들에게
나는 찬송가를 불러준다.
최후의 날들이 가까이 있다, 그 시간들이
우리의 손가락 끝에 있다.
패배는 올려진 깃발
출산의 고통은 불타는 대양들
신이여, 우리에게 징표를 주십시오.(전문)

5. 맺음말

유숩 알칼은 좀 더 나은 미래를 향한 비참한 현실의 초월은 새로운 생명(부활)이 뒤따르는 죽음(희생)을 통하지 않고서는 일어나지 않는다고 보았으며, 자신의 이상을 탐무즈 신화에서 발견했다. 탐무즈 기독교 시인인 유숩 알칼은 탐무즈 신화를 직접 사용하기보다는 십자가, 십자가에 못 박힘, 예수의 부활 등과 같은 탐무즈 신화의 변이형들을 주로 사용했다. 이러한 상징들은 신·구약성서에서 취해져 신화 상징의 원천으로 사용되었다.

대표작이기도 한 〈버려진 우물〉에서 시인은 십자가에 못 박히는 주제에 대한 근대적인 변이형인, 이웃 사람인 아브라함의 자기희생을 통해 부패되고 무기력한 아랍 사회의 부활을 희망하였다. 시의 주인공인 아브라함은 바로 시인 자신이며 예수이고 무함마드이다. 또한 시인은 〈뿌리들〉에서 재생이 일어날 것이라는 확고한 신념을 구체화하고 있으며, 조국 시리아의 안정된 과거와 미래를 위한 영감을 부러지고 암울한 현실을 초월하여 연결시키려 시도하였다.

유숩 알칼의 많은 시에는 '사막(모래: 죽음)'과 '물(바다: 생명)'의 대조적인 두 가지 상징들이 빈번히 등장하였다. 시인에게 있어 '바다'는 모험정신, 미지의 세계에 대한 열정, 아랍세계의 재생에 관한 요청의 상징이었다. 반면 모래는 무기력과 실패의 상징으로 사용되었다. 이것은 연작시인 〈기도〉, 〈여행〉, 〈귀환〉과 〈영원한 대화〉와 〈장편시〉에서 매우 명백하게 드러나고 있다.

《유숩 알칼의 대표시들》

〈불사신 카인〉

너는 그 길의 마지막 굽이를
돌면서 눈으로
하늘로 올라간 우상처럼
공간을 먹어버린다.
너는 돌아갈 수 없다

시들어 떨어질 것이다
담 위에 나타난 어떤 모습처럼
신탁(神託)이 나타날 때까지
사거리에 도착할 것이다.
아마 신탁은
떨어져 벌어진
징표를 움켜쥐고 있는
신의 주먹인가?
아니야,
너는 근심의 씨앗,
별들이 너를 집어 삼킨다.
너는 투덜대며
아담의 갈비뼈처럼
저주로 먼지를 찌른다
금지된 땅으로
두 해변들 사이의 틈새로 들어가
너의 죽음의 영역이
길을 잃는다
네가 어디 소속인지
알 수 없다
너의 관 속에는
아무 것도 들어 있지 않다.

카인은 죽지 않는다.

〈뿌리들이 말하게 하자〉

나무들이 침묵을 깨고 그들의 오랜 신을
슬퍼한다, 줄기에는 나뭇잎이 없다, 뿌리들은

그들의 유일한 의상.
정원에는 물이 있다.
공기가 허공을 떠다닌다, 빛이 허공에 떠다닌다.
우주가 허공에 떠다닌다.
여기, 경비원이 지팡이를 들고 온다, 어깨에
종이칼을 메고 온다.
입에 소금 뿌리들의 피리를 물고 온다.
참새들만이 정원에 남아 있다, 큰 새들이
새벽을 바라본다, 아무 것도 보지 못한다.
정원은 울타리가 없다.
평원이 산을 기어오른다, 산이
바다로 올라간다, 바다는 임신과 탄생의 숲.
나무들이 그들의 오래된 신을 슬퍼한다.
그는 아직 죽지 않았다
그의 팔은 침묵의 하늘에 있는 구름.
뿌리들이 말하게 하자
너의 눈물들이 대지로 돌아오게 하자.

〈최후의 만찬〉

우리에게는 술과 빵이 있습니다. 선생님이 없습니다.
우리의 상처들은 은으로 된 강물.
위층의 벽들에는 깊이 팬 홈들이 있다. 창문들에는
바람이 있다. 문에는 밤의 불청객이 문을 두드린다.
우리는 먹고 마신다. 우리의 상처는 은으로 된 강물.
위층이 금방이라도 무너질 것 같다.
바람이 창문들을 찢는다.
불청객이 문을 부순다.

우리는 말한다, 이제 먹고 마십시다.
우리의 신은 죽었습니다,
다른 신을 찾아봅시다. 그의 설교는 우리를
피곤하게 만들고, 우리의 영혼들이 아주 어리석어지기를
바랬습니다.
우리는 말한다, 위층을 부숴 버립시다. 바람이 우리에게
자비를 줄 것입니다, 빵에 굶주리고
잘 숙성된 술에 갈증 난 불청객이
우리와 함께 앉아 있을 것입니다.
우리는 말한다, 불청객이 우리의 새로운
신일지도 모릅니다, 이 바람이 미지의 세계에
피었던 아름다운 꽃들이었을 지도 모릅니다.
우리 계속 먹고 마십시다, 선생님이 없습니다.
우리의 상처는 은으로 된 강물.
수탉이 울 때 몇 사람들이 지상의 왕국을
목격한다.

〈오디세우스의 귀환〉

또 하루!
매일매일 조금씩
이타카[64]로 다가간다. 10년 세월의
상실, 상실과 타향살이
우리는 귀환을 기도한다.
멀고먼 트로이에선
낯선 땅에 승리했나?

---

64) 지중해 중부 해역인 이오니아 해 또는 시칠리 해에 있는 한 섬으로, 오
디세우스(율리시즈)의 고향이다.

절망케 하라!
아침의 요새들을 열어
미네르바[65]의 이름을 지우자.
왜 안 돼!
우리가 미네르바에 있는
적의 말들을 짓밟았다.
우리가 성난 바다들을 잠재웠다.
우리가 거인들을, 괴물들을 물리쳤다.
그리고 우리는 돌아왔다.
오디세우스여, 여기 북풍에는
친근한 향기가 있다.
달콤한 향기가 있다.
모든 땅에는 우리의 자손들을 위한
향기가, 색깔이, 음식이
노래가 있다.
환호성을 지르자
우리의 기관총들을 죽이자.
노래를 부르자.
우리 영웅들의 영웅담을 이야기하자.
태양이 우리를 놀라게 하지 못하게
서둘러
바람들이 우리의 팔뚝들을
거닐게 하자. 저녁 직전
해변을 볼 것이다.
그래,
우리는 땅에 닿을 것이다
기쁨의 눈물을 흘릴 것이다.
우리는 다시 우리 땅 위에서

---

65) 로마 신화에 나오는 공예, 직업, 예술의 여신이며, 나중에는 전쟁의 여신
   이 되었다. 일반적으로 그리스의 아테나 여신과 동일시된다.

타향살이를 시작할 것이다. 그곳은 맷돌이 돌지 않고
화살이 발사되지 않는다 한다.
섬광이 눈꺼풀들을
쓸어버리기 위해 돌아오기를 거부한다 한다.
아지나스가 미치고
아크미드가 내장들을 모두 찢어버렸다 한다.
무덤들이 우리의 자유들을
질식시켰다 한다, 들판들이
죽었다 한다. 우리의 통치자들이
돼지치기들이라고 한다.
안 돼! 안 돼!
우리는 다시 우리의 타향살이를
우리의 귀환을 시작할 것이다. 우리의 땅에 대한
낯선 상실은 매우 쓰디쓴 상실
상실에게서 희망을 기대하지 못한다.
오디세우스에게
희망을 걸자. 하늘을 향해 우리들의 머리를
꼿꼿이 세우자.
우리들의 깃발들을 가지고
걸어가자.
모두가 우리를 향해 달려온다.
아이가 미소 짓는다,
만세.

〈기도〉

하늘이여,
나타나라.
우리는 우리의 눈물을 마실 지경이다.

피를 마실 지경이다.
나타나라.
성스런 우리 땅의 모든 흙이
죽을 지경이다.

이 요청은, 이 기도는
또 다른 기도.
기도시간을 알리는 아잔소리가 이끼를 자라게 할 것이다.
이야기꾼들이 무디어질 것이다.
아무것도 존재하지 않을 것이다.
존재가 끝날 것이다.
쇠퇴가 시작될 것이다.
우리를 꺼내주고 돌아오게 할 이 없다.
길에서, 사막에서
산들의 피난처에 말씀이 내려올 것이다.
바위가 폭발할 것이다.
내가 죄를 짓고 죽을 때
바위가 구를 것이다.

이 요청은, 하늘이여
또 다른 요청.
나타나라.
우리가 우리의 눈물을 마실 지경이다.
우리가 피를 마실 지경이다.

〈기다림〉

내 사랑, 밤은 길지 않아,
밤이 죽는다.

나는 내 모든 것을 길게 쭉 펼친 채
기다린다.
내 사랑, 내 눈은 창문 위에 있어.
자물쇠가 돌아가지 않아.

천장이 내 이마 위에 있다.
나는 벽에 걸린 그림이
불로 된 글자들 때문에
떨어질까 두렵다.
내 사랑, 내가 그를 숨겨주었어.
벽이 무너질까?

내 사랑, 밤은 길지 않아,
나는 여전히 기다리고 있어.

〈내 조국〉

내 조국은 영원의 허리띠
당신의 촉촉한 대지, 존재의 요람
재의 무덤.
신이 다듬은 비밀
신이 희망했던 목표
방향.

영원의 화려한 장식 때문에 맹인이 된다.
희망이 조국으로
메아리처럼 돌아온다.

내 조국은 행운의 몸통.
그곳엔 경배들과
희생의 노력이 만연한다.

내 조국은
적들을 쳐부수기 위해
심연을 떠다니던 한니발[66].

내 조국은 파괴의 맹세를
공격했던 자들에게 뻗었던
전쟁의 나날들.

내 조국은 영광의 이마.
어디로 가나
온 사방에 그의 그림자.

내 조국은, 우리가 부르길 좋아하는
가장 아름답고
가장 달콤한 노래.

---

66) 카르타고의 장군·정치가. 어렸을 때 아버지와 함께 스페인으로 건너갔고
BC 221년 장군으로 선출되었다. BC 219년 봄 로마의 동맹시(同盟市) 사
군툼을 공격하여 이를 함락시켰고, 이듬해 제2차 포에니전쟁(한니발전쟁
이라고도 한다)을 일으켰다. 스페인에서 피레네산맥을 넘어 남프랑스를
점령한 뒤 눈에 덮인 알프스를 넘어 북이탈리아로 침입하여 트레비아 강
변·트라시메누스 호반 전투를 비롯하여 이탈리아 각지에서 로마군을 크
게 무찔렀다.

제 6 장

레바논 애국시인, 칼릴 하위

(1920~1982)*

1. 머리말

칼릴 하위는 레바논의 애국 시인이며 탐무즈 시인 그룹의 한 사람으로서, 시인 자신과 조국 레바논, 더 나아가 아랍세계 전체의 비극적인 현실의 극복과 미래의 부활에 대한 희망을 표현하기 위해 신화와 원형, 상징에 의존하였다. 시인은 자신을 조국의 고통을 짊어지고 가는 예언자로 보았으며, 예수이며 탐무즈이고 바알이었다. 무엇보다 칼릴 하위가 신화를 사용한 목적과 이유는 신화를 통해 시를 인간답게 만들고 보편화하기 위해서였다.

칼릴 하위는 총 다섯 권의 시집, 《재의 강》(1957), 《네이와 바람》(1961), 《굶주림의 타작마당》(1965), 《상처 입은 천둥》(1979), 《희극적인 지옥으로부터》(1979)를 출판했다. 이들 다섯 권의 시집들 중 신화사용은 앞에 출판된 세 권의 시집들에 집중되어 있다.

우선 세 권의 시집들에 사용된 신화들을 간단히 살펴보면 다음과 같다. 《재의 강》에는 15개의 시들이 포함되어 있으며, 이들 중 〈고래의 배 속에서〉에는 구약성서의 예언자인 요나 이야기가, 〈소돔〉과 〈소돔으로의 귀환〉에서는 창세기에 나오는 죄악의 도시 소돔 이야기가, 〈빙하 이후에〉서는 아랍의 신들인 바알, 탐무즈와 전설의 새 불사조 이야기가, 〈사랑과 골고다〉에서는 예수의 이야기가 사용되고 있다. 《네이와 바람》에는 4개의 시가 포함되어 있으며, 그중 〈신드바드의 여덟 번째 항해〉에 아랍의 원형적 모험가인 신드바드 이야기가 사용되고 있다. 《굶주림의 타작마당》에는 3개의 시가 포함되어 있으며, 그중 〈나자로 1962〉에 세 가지 신화, 즉 성서 속 인물인 나자로, 이슬람의 예언자인 키드르(Khidr) 그리고 예수와 마리아 이야기가 등장한다.

우선 시인의 삶의 여정과 작품들을 살펴보고, 다음으로 작품 속에 등장하는 신화들을 살펴보고자 한다. 먼저 아랍의 신들인 탐무즈와 바알 그리고 전설의 새 불사조 신화가 사용되고 있는 〈빙하 이후에〉(1957)를 고찰한다. 다음으로 아랍의 원형적 탐험가인 신드바드 이야기가 사용되고 있는 〈신드바드의 여덟 번째 항해〉(1961)를 살펴보고자 한다. 마지막으로 성서 속 인물인 나자로와 예수 그리고 이슬람의 예언자인 키드르 신화가 서로 밀접한 관계를 이루고 있는 〈나자로 1962〉(1965)를 고찰하고자 한다.

2. 생애와 작품

칼릴 하위는 1920년[67] 레바논 산맥의 작은 마을인 둘 슈와이르에서[68] 태어났다. 그의 부모는 그리스 정교회 기독교도들이었다. 칼릴은 둘 슈와이르에서 기독교 계통의 초등학교와 중학교를 마쳤다. 그러나 그가 13살 때(1932년) 그의 아버지가 중병에 걸리면서, 장남인 그는 학교를 중단하고 1946년까지 건축 노동자, 구두 수선공 등 온갖 궂은 일을 해야만 했다. 그 당시 그는 밤늦게까지 불어, 영어, 아랍어

---

* 이글은 2005년도에 《한국이슬람학회논총》 제 15-1에 게재되었으며, 일반 독자들을 위해 일부 내용을 수정하였다.

67) 대부분의 아랍 작가들의 경우 출생 연도와 사망 연도에 대해서는 많은 이견이 제시되고 있다. 칼릴 하위의 경우에도, 칼릴 하위의 어머니는 1920년이라고 주장한 반면, 그의 동생은 1919년, 베이루트의 아메리칸 대학에 있는 기록에는 1925년으로 되어 있다.

68) 칼릴의 어머니와 동생은 칼릴 하위가 목수인 칼릴의 아버지가 일하고 있었던 시리아의 후와야에서 태어났다고 주장한다.

서적들을 읽었고 레바논 방언과 표준 아랍어로 많은 시를 짓기도 했다. 15살 때 시리아에 내전이 일어나자 요르단으로 건너갔으며 그곳에서 얼마간의 돈을 벌어 다시 레바논으로 돌아왔다. 그 이후 여러잡지사에서 일을 하면서 돈을 모아 슈와이파 고등학교에 입학했으며1947년 마침내 고등학교를 마쳤다. 고등학교를 졸업하던 그해 10월베이루트 아메리칸대학교 아랍어과에 입학했으며 1952년 대학을 졸업했다. 칼릴 하위는 1학년 때 시 경시대회에서 상을 받기도 했다.

그는 졸업과 동시에 강사로서 아랍사상과 문학을 가르치면서 대학원 공부를 계속했으며, 1955년 6월에 '가잘리와 이븐 루시드 간의 신앙과 이성'이라는 논문으로 아랍어 석사학위를 받았다. 그 후 몇 년동안 대학에서 아랍문학을 가르친 후 그는 베이루트 아메리칸대학의아랍학 기금을 받아 캠브리지대학교의 펨브로크대학에 입학했으며,1959년 지브란 칼릴 지브란에 대한 논문으로 박사학위를 받았다. 박사학위를 받은 후 돌아와 곧바로 베이루트 아메리칸대학교의 아랍어과 교수가 되었으며, 1982년 이스라엘의 레바논 침공에 분노해 자살할 때까지 교육에 종사했다. 1963년에는 '책의 친구들'이라는 단체에서 상을 받았으며, 1973년에는 시인으로서 첫 번째 레바논 상을 수상했다. 1968년부터 레바논대학에서 현대 아랍시를 강의하기도 했다. 그는 학문 분야는 아랍어였지만 철학에 관심이 많아 주로 철학과 교수들이나 학생들과 어울렸으며, 주마다 열리는 '철학 서클'에 정기적으로 참여했다.

젊은 시절 칼릴은 동향 출신의 안툰 사아다(1904~1949)[69]가 설립

---

69) 레바논 정치가. 그리스 정교도인 의사의 아들로 태어나서 1921년 브라질로 건너갔다가 1930년 레바논에 돌아왔다. 베이루트대학, 아메리카대학에서 독일어 교수로 있었다. 1932년 시리아, 이라크, 요르단, 레바논, 팔레스타인을 포함하는 역사적인 시리아를 기초로 하는 시리아주의의 원칙을

했던 시리아민족주의당(PPS)에 가담했으나, 1949년 안툰 사아다가
처형된 후 그는 새로 구성된 집행부와 원만한 관계를 유지하지 못했
다. 그는 그들이 사아다의 가르침으로부터 벗어나고 있다고 생각했으
며, 그래서 1950년대 중반(1955년 또는 1956년) 당을 탈퇴했지만 일
생 동안 정당의 지도자들과는 좋은 관계를 유지했다. 그 이후 칼릴은
아랍 민족주의에 대해 깊은 호감을 가졌지만 정당에는 가입하지도,
아랍주의나 아랍 민족주의에 대한 자신의 명확한 의견을 밝히지도 않
았다.

한편 칼릴은 아랍의 정부들에 대해 어떠한 존경심도 갖지 않았다.
특히 이들 정부들의 팔레스타인문제 처리 방식은 일생 동안 분노와
저항의 원천이 되었다.

그가 시리아민족사회당의 일원이었고 후에는 아랍 민족주의적 경향
이 강했지만 특히 조국 레바논에는 강한 애착을 가졌다. 그에게 있어
레바논은 독특한 존재였으며, 아랍 사막의 한가운데 있는 오아시스
같은 존재였다. 그는 자연, 마을과 전통 등 레바논의 모든 것을 사랑
했다. 세상의 어떤 곳보다 레바논을 사랑했고 특히 고향인들 슈와이
르를 사랑했다.

인간적인 면에서, 칼릴 하위는 감수성이 매우 풍부하고 마음이 따
뜻한 사람이었으며, 모임에서는 농담도 잘하고 분위기를 즐겁게 만드
는 유쾌한 사람이었다. 무엇보다 그는 자신이 아랍세계의 주도적인

제창하고 종교와 국가를 분리한 시리아민족주의당(PPS)을 설립하였다.
이 당은 파시즘의 영향을 받아 중앙집권적·계급적 성격을 가지며, 강력한
군대의 필요성을 강조하였다. 그 활동이 프랑스 당국에 의하여 금지되자
사아다는 일시 남아메리카로 건너갔으나 1947년 다시 독립한 레바논으로
돌아왔다. 1949년 파랑지스트당과의 대립 후 레바논에서의 정치활동을
탄압당하고 시리아로 망명하지만 레바논에 송환되어 처형당하였다.

시인이라는 이미지에 많은 신경을 썼다. 한편 칼릴은 수많은 모임에 초대받고 참석했지만 매우 고독한 사람이었다. 그는 다른 사람들이 전화로 방해하는 것을 싫어했으며 자신이 꼭 필요할 때만 전화를 걸었다. 그래서인지 칼릴은 평생을 혼자 살았다. 그에게는 많은 연인들이 있었으며 그녀들을 그리워하고 만남을 즐겼지만 관계가 결혼으로 발전하게 되면 만남을 중단했다. 한번은 그가 레바논 여자와 약혼을 한 적이 있었는데 후에 그는 그것을 형식적인 약혼이었다고 말했다. 그러나 그 약혼은 그를 괴롭혔고 약을 먹고 자살을 시도하기도 했다.

교수로서 칼릴은 학생들을 사랑했고 그들에게 커다란 존경과 사랑을 받았다. 그는 학생들을 위해 자신의 집을 개방했으며, 학생들은 그의 집에서 가끔 회의를 열기도 했다. 그는 미래는 젊은이들의 것이라고 생각했다. 그는 훌륭한 낭송가였으며 독창성과 유창함으로 학생들의 존경과 찬사를 받았다.

1982년 이스라엘이 레바논을 침공한 다음날인 6월 7일, 칼릴은 외국 군대에게 점령당한 레바논의 수치스런 역사를 한탄하며 권총으로 자살했다. 그의 시신은 그가 사랑했던 고향 마을 둘 슈와이르에 묻혔다.

칼릴 하위의 작품들은 《재의 강》(베이루트, 1957), 《네이와 바람》(베이루트, 1961), 《굶주림의 타작마당》(베이루트, 1965), 《칼릴 하위 시선》(베이루트, 1972), 《상처 입은 천둥》(베이루트, 1979), 《희극적인 지옥으로부터》(베이루트, 1979), 《지브란 칼릴 지브란: 문명과 특징 그리고 흔적》(베이루트, 1982), 《사랑과 삶의 편지들》(베이루트, 1978)이 있다.

3. 〈빙하 이후에〉(1957)

칼릴 하위는, 시인이 부활과 재생의 다산 의식과 명백한 연관성을 가지고 있다는 사실을 밝히는 제사(題詞)로 시를 시작한다.

> 시인은 문명이나 보편적인 현상으로서 뿐만 아니라 개인의 문제로서의 죽음과 부활의 시련을 표현하기 위해 죽음과 가뭄을 넘어 생명과 다산(비옥)의 승리를 상징하는 탐무즈 신화를 사용하고, 죽은 뒤 재에서 다시 살아나는 불사조 신화를 사용한다.

위 제사의 특징은 시인의 다른 많은 시에서 사용되었던 성서의 이미지보다는 탐무즈와 불사조 신화를 매우 강조하고 있다는 사실이다. 이 시가 포함된 시집 《재의 강》에 앞선 다른 시들에서는 소돔, 요나와 고래 등과 같은 구약성서에서 가져온 기독교 신화들이 사용되었는데 갑자기 이 시에서 완전히 이질적인 아랍 신화가 등장하였다는 점이다. 또한 이후에 같은 시집에 있는 시들에서도 신약성서로부터 가져온 신화들이 주로 사용되었다.

이 시에서 시인은 《재의 강》에 포함된 다른 시들에서 보여주었던 절망과 상실을 극복하고 싶은 소망을 탐무즈와 불사조 같은 부활의 신화에 의존한다. 그러나 시인은 '빙하 이후'에 도달하기 전에 죽음이 대지의 정맥들과 동포들의 모든 정맥들을 얼려버려 그들의 몸뚱이들이 꽁꽁 얼어붙게 되는 '빙하 시대'를 통과해야만 한다. 이 임무를 성공한 이후에야 불임과 파멸로부터 대지의 정맥들을 구해달라고, 얼음 사막에서 얼어붙은 노예들의 정맥에 따스한 온기를 넣어 달라고 비옥의 신인 바알과 탐무즈 그리고 추수의 태양에게 기도를 할 수 있게 된다. 만일 어느 무엇도 죽은 사람의 정맥들을 부활시킬 수 없다면, 불사조를 낳는 불 우리의 죽음의 재에 양식을 제공하는 불이 없다면, 시인은 우리에게 부활과 재생을 줄 지옥 불을 참고 견디자고 기도한다.

1. 빙하 시대

빙하 시대에
대지의 정맥들이 죽었을 때
우리의 모든 정맥도 죽었다,
팔다리의 살도 시들었다.
우리는 헛되이
뼈들의 세포들 속에서, 세포들의 비밀 속에서
헐떡이는 태양 속에서, 투명한 거울 속에서
삐걱거리는 문 속에서, 추수의 저장실 속에서
술 속에서, 벽들에서 스며 나오는 고름 속에서
바람과 슬픈 밤을 피하려 애썼다,
숨 막히는 전율을
임박한 죽음의 전율을
임박한 죽음의 전율을 달래려 애썼다.

비옥의 신이여, 황무지에
씨앗을 뿌리는 바알이여
수확의 태양이여
무덤을 뒤흔드는 신이여
영광스런 부활절이여
탐무즈여, 수확의 태양이여!
우리를 괴롭히고 괴롭히는 불임으로부터
우리를 구해주소서, 대지의 정맥들을 구해주소서,
빙하의 사막을 넘어

슬픈 사자(死者)들에게
노예들의 돌같이 굳어진 심장에게
따스한 온기를 주소서.
탐무즈여, 수확의 태양이여.

우리는 헛되이 기도하고 기도한다.
엄습하는 밤의 어둠이 우리를 집어삼켰다.
우리는 헛되이 울부짖고 울부짖는다.
우리는 빙하의 사막을 넘어 돌아온다.
우리는 버려진 늑대.

우리는 헛되이 죽음을 비껴가려 애썼다.
우리는 통곡하고 도전한다.
우리의 사랑은 죽음보다 강하다.
신선하고 부드러운 숯불보다 강하다.
우리는 시체들을 슬픈 살을 내던졌다.
우리는 헛되이 정맥에 남아 있는 뜨거운 욕망을
억지로 몰아내고
술처럼, 불타는 숯불처럼 쏟아내려 애쓴다.
우리는 우리의 파편들로부터 새로운 자손들을 만들고
죽음을 피하고 바람을 방해하고
빙하의 사막을 넘어
뜨거운 맥박을 치료할 수 있다고 생각했다.
"우리의 사랑은 죽음보다 강하다"
그러나 사랑은
어리석은 죽음의 입 속에서 하품을 하는
슬픈 사자(死者)들이 없이는
시든 살로부터
싹을 틔울 수가 없다.

2. 빙하 이후

어떻게 대지의 희망이
빙하의 두꺼운 얼음판들 아래서 계속 울려나오나
그것은 태양을 향한
노래하는 비를 향한
싹트기 시작하는 씨앗들을 향한
저장실과 항아리에 있는 양식들을 향한
바알과 수확의 신 탐무즈를 향한
희망.
녹색 희망이 파멸을 거부한다.
열망의 맥박이 무덤을 향해 우리를 향해 온다.
대지의 열망이여, 우리에게 자비를 베풀어라
죽음들에서 우리에게서 피를 자극하지 마라.
전율하는 살 속
자극받은 피의 맥박은 고통스럽다.
정맥들의 한편에는 봄의 열망이 있다.
지옥이 우리를 괴롭힌다.
정맥들의 또 다른 편에는 무거운 침묵과 빙하가 있다.
신이시여, 만일 불사조를 창조하는 불이 없다면
우리 안에 있는 심연 속에 있는
죽음의 재에 양식을 주는 불이 없다면
우리의 죽은 정맥들을 살릴 수 없다.
그러니 우리에게 확실한 부활을 허락하는
불지옥을 참아내자,
모든 아랍으로부터 역사의 곰팡이와
슬픈 기억을 털어내자,
그들의 눈을 돌같이 굳어지게 만든
그들을 빛도 없고 불도 없는 루비로 만든
어제를 털어내자,

그들의 어제는 소금과 파멸의 호수
슬프고 굴욕적인
어제를 털어내자.
그래야만 자유롭게 살고 초원이 꽃을 피우고
다가오는 새벽 메아리를 위해 기도하고
갠지스 강, 요르단 강, 나일 강 가에서 기도하고
다시 기도할 수 있다.
비옥의 신이여, 탐무즈여, 수확의 태양이여!
강하고 용감한 사람들을
멸망시키지 않고, 대지에 영원한 시간을 물려주는
자손들을 주는 대지를 축복하소서.
자손들을 축복하소서.
자손들을 축복하소서.
자손들을 축복하소서.
비옥의 신이여, 탐무즈여, 수확의 태양이여.(전문)

4. 〈신드바드의 여덟 번째 항해〉(1961)

이 시는 아랍의 원형적 모험가인 신드바드의 화신들 중 하나에 초점을 맞추어 시작한다. 그리고 결국엔 신드바드가 자기 자신을 희생하는 영웅이나 비옥신의 모습으로 변형된다.

칼릴 하위는 한 대담에서 '신드바드'가 널리 알려져 있는 아랍의 전통으로부터 가져온 상징이기 때문에 채택했다는 사실을 밝혔다.

예를 들면, 신드바드는 실제 세계에서 7번이나 항해를 했던 모험가였다. 그렇기 때문에 나는 그를 위해 이전 항해들과는 다른 여덟 번째 항

해를 창조할 수 있었고 그것은 그의 인기 있는 명성이 없었다면 불가
능 했을 것이다.

칼릴 하위는 신드바드의 일곱 항해들에 대한 이야기 구조를 탐색(원
정)의 주제를 위한 뼈대(틀)로 사용할 수 있기 때문에 신드바드 이야
기에 흥미를 가졌다. 즉 이 시를 포함하고 있는 《네이와 바람》(1961)이
잘못된 예언을 대신할 수 있는 새로운 비전을 위한 탐색의 주제와 관련
이 있기 때문에 신드바드 이야기가 이 시를 위한 이야기 구성으로서 매
우 적합한 것이었다. 또한 신드바드는 《네이와 바람》의 다른 시들에서
확립되었던 비인간적 환경에 매우 적합하다. 왜냐하면 이것은 신화라기
보다는 민간설화이기 때문이다. 그러나 신드바드는 그리스 신화의 오디
세우스와 동일시되기 때문에 신화적 존재로의 전환 또한 어렵지 않다.
이 시에서는 비 신화적인 배경으로부터 신화적인 배경으로의 전환뿐만
아니라 원형적 모험가로부터 자기희생적 영웅으로의 전환이 일어난다.
사실 신드바드는 오디세우스보다 더 큰 장점을 가지고 있다. 왜냐
하면 신드바드는 외국인이 아니라 아랍인이기 때문이다. 이것은 다음
두 가지 사실에서 매우 중요하다. 첫째는, 아랍 시인이 아랍세계의 부
활에 관해 아랍어로 시를 쓸 때, 독자들에게 매우 이질적인 비 아랍
인 등장인물에 초점을 맞춘다면 그의 주장은 약해질 것이다. 〈신드바
드의 여덟 번째 항해〉에서 '소외'는 시인이 극복하고자 노력한 것들
중의 하나였다. 그래서 시인은 이질적인 인물을 그의 대변인으로 선
택하기를 원하지 않았던 것 같다. 사실 오디세우스는 집으로 돌아갈
때 아랍이 아니라 이타카로 돌아간다. 따라서 칼릴 하위가 신드바드
를 선택한 것은 신드바드가 신화 상징의 사용을 위한 그의 목적들을
진전시킬 뿐만 아니라, 부활을 위한 탐색에서 시인의 역할과 개인적
으로 관련된 감정을 성장시킬 수 있기 때문이었다. 둘째로, '신드바

의 여덟 번째 항해'는 외부 세계를 탐험하는 항해가 아니라, 신드바드 자신의 마음 깊숙한 곳을 탐색하는 정신적인 항해이다. 즉 이것은 자아 발견의 항해인 것이다. 신드바드는 자신의 내부에서 자신의 눈으로 부활의 빛을 보았으며 확신을 가지게 되었다. 따라서 아랍인 신드바드야말로 아랍세계 내부를 탐색할 수 있는 가장 적합한 등장인물인 것이다.

칼릴 하위는 이 시에서 자신과 예언자, 서정적인 자아와 신화적인 인물을 매우 동일한 인물로 만들며, 시인 자신이 자기희생의 영웅인 예수가 된다. 이 시는 시인의 낙관주의를 최고조로 표출하고 있다. 이 시에 많이 등장하는 시어 '집'(다르)은 옛날의 신드바드 자신을 상징하며, 또한 아랍을 상징하기도 한다.

너는 나와 함께 항해를 떠났던 나의 집.
배 멀미 속에서도
타향에서도
좋은 집이었다.
도시의 밤이
슬픈 사막이 나를 삼킨다.
먼지가 내 방 문지방에서 자란다.
나는 도망을 소망한다.
나는 신비로운 빛 위를 지나간다.
나에게는 확신이 없다
칼이 꽃을 피우고
나는 기차에다 밤을 던진다.
나의 일곱 여행들.
내가 귀신과 사탄을 던져버린 날
돛 줄들이 내 몸으로부터 물러난 날
나는 자비로운 신의 은혜와 무역으로부터

그것을 모으지 않았다.
나는 계속 그의 뒤를 따라 간다
그를 느끼고 그를 표현한다.
내가 어떻게 이끌려가는 가를,
결핍과 상실의 뒤에서
내가 어떻게 이끌려가는 가를 알고 있다.
나는 내 집을 그에게 쏟아내기를 희망한다.
그는 길을 잃고 기도하기 시작했다.
나는 그를 느끼고 그를 표현한다.
집에는 벽을 그림들로 장식한
천막이 있었다.

모세가
불 정(釘)을, 번개 불꽃을 바라본다,
바위에
주(主)의 십계명이 새겨진다.
송진, 성냥, 소금이 소돔에 있다.
이것이 벽 위에 있다.
다른 벽 위에는 테가 있다.
한 점쟁이가 바알의 신전에 있다.
나는 거짓말쟁이 독사를 본다.
올빼미 한 마리가 처녀의 수확의 비밀을 범한다.
술에 취한 이들이 환호성을 지른다.
자궁들과 포도들이 수확된다.
항아리에서 술이 끓는다.
다른 벽에는 테가 있다.
그의 두 눈 뒤에는
수치스러움이 있다.
그의 얼굴에는 심오함이 있다.
그의 세상은 그녀의 피를 씻지 않았던

여자의 음모,
그녀의 허벅지들을 냄새 맡고
감로주를 바른 더러운 걸프의 해안들을
에워싸고 있는 것은
거품에 잠겨 있는 두 가슴,
이마들의 수선화
옛날의 범죄자
그를 갈망하는 쓴 열매.

그림들로부터
가스와 독으로 무거워진
홍수가 흘러나온다,
독사가 여자에게서 그것을 흡수한다.
그녀에게는 집시들의 피가 흐르고 있다.
눈먼 호랑이와 손의 열이
남자의 시기심 속에 있다.
스페인에는 "로르카"와 "피의 결혼식"[70]이 있다.
상아로 된 목은 붉은 강.
공포여, 그의 곁에 있던 죽음이
그를 얼려버리지 않았다.
너희들이 아침에 나일 강에서, 요르단 강에서
그리고 유프라테스 강에서
죄의 얼룩을 씻는 세정식(洗淨式)을 행하는 것을
내가 보지 않았다면
나는 태양을 환영하지 않았을 것이다.
모든 육체는
태양 안에서 본체가 되는 언덕
좋은 그늘, 깨끗한 호수.

---

70) "피의 결혼식"은 결혼식 날 신부가 옛 애인과 함께 도망가고 신랑이 뒤
쫓아 가 두 사람이 싸우다 모두 죽게 된다는 내용의 극시이다.

우리의 땅에서 악어들이 가버렸다.

그들에게 우리의 바다가 용솟음 쳤다, 밀어닥쳤다.

(하략)

5. 〈나자로 1962〉(1965)

이 시에는 서로 밀접한 관계가 있는, 남자와 여자가 쌍을 이루고 있는 세 개의 신화들이 뒤섞여 사용되고 있다. 첫째는 나자로 신화인데, 시인은 매우 중요한 신화적 모티브인 나자로의 부인을 등장인물로 첨가하였다. 두 번째는 성 조지와 동일인물로 간주되는, 마을의 젊은이들을 죽이는 용으로부터 처녀를 구하는 키드르 이야기이다. 세 번째는 예수와 막달라 마리아의 이야기이다.

나자로 이야기는 예수가 죽은 나자로를 부활시키는 이야기로 요한복음 11장 1절부터 46절에 상세히 나온다. "막달라 마리아와 그녀의 여동생인 마르사가 그들의 오빠인 나자로가 매우 위독하다는 소식을 예수에게 전한다. 그러나 예수가 나자로에게 왔을 때 나자로는 이미 며칠 전에 죽은 뒤였다. 마르사가 예수를 비난하자 예수는 나자로가 다시 일어날 것이라고 말한다. 예수와 마르사 그리고 마리아가 무덤을 방문할 때 마리아도 예수를 비난하자 예수는 슬퍼 눈물을 흘린다. 그리고 나자로에게 일어나 무덤 밖으로 나오라고 명령하자 나자로가 수의를 입은 채로 무덤에서 나온다."

그러나 칼릴 하위의 나자로는 부활 대신 무덤으로 다시 돌아가기를 희망한다. 나자로의 부정적 인물 설정은 지브란 칼릴 지브란이 〈사랑

하는 나자로>에서 이미 사용했었던 방식이었다. 이 시에서 나자로는
부활을 원치 않는 아랍 문명을 상징하며, 그의 아내는 삶에 대한 열
망을 가진 아랍 문명을 상징한다. 칼릴 하위는 아랍 국가는 나자로처
럼 너무도 쇠약해서 부활의 노력을 할 수도 없으며, 그의 부인처럼
너무도 약해서 무덤으로 끌려들어가는 것에 맞서 싸울 수도 없다는
사실을 암시한다. 칼릴 하위의 예언적인 이 시는 아랍의 붕괴를 예상
하고 구체화했으며, 그의 비극적인 비전은 1967년 6월 전쟁의 허망한
패배라는 현실로 나타났다.

키드르는 지금의 시리아, 레바논 지역인 비옥한 초승달 지역의 민
속 문화에서 매우 유명한 인물이다. 무슬림들은 그가 불멸의 선물을
준 예언자이며, 코란 18장(동굴의 장)에서 모세에게 현실과 사실의
차이점을 가르쳐주었던 '신의 종'이라고 생각한다. 기독교도들은 키드
르를 용을 죽인 성 조지와 동일시한다. 한편 시인은 '녹색이 되다.' 라
는 뜻을 가지고 있으며, 비옥 신화 특히 바알 신화와 관련이 있는 '키
드르'를 의도적으로 사용한 것으로 보인다.

한편 이 시에 등장하는 예수는 육체적 경험을 경멸한다. 그리고 천
사와 같이 완전한 존재로서 감정적이 아니라 냉담하며, 인간에 대한
관심이 없는 비인간적인 신이다.

칼릴 하위는 이 시의 발판으로 성서 속 인물인 나자로의 수정된 이
야기를 사용함으로써 아랍의 부활에 대한 환상에서 깨어나고 있음과
더불어 영웅의 영혼 속에서 가치들이 죽으면 그가 어떻게 독재자가
되는가를 보여준다. 이 시는 매우 비관적인 시로서 암울한 비전과 타
락, 불임, 증오, 침체의 이미지들로 가득 차 있다.

1. 지옥

무덤 파는 이여, 구덩이를 깊게 파라.
깊이를 알 수 없을 정도로 깊게 파라.
그가 밤의 재를 태양계 뒤로 던진다.
별의 찌꺼기가 태양계 뒤에 묻힌다.
메아리는 열병의 어지러움으로부터도
회전불꽃으로부터도 흘러나오지 않는다.
오, 살아있는 부드러운 빨간 흙을
내 몸에 던지지 마.
뿌리가 물에 흠뻑 젖은 자궁을 찢는다.
죽은 이를 잔인하게 휘감는다.
뿌리들이 뜨거운 머리들을 발아한다면
그의 송곳니들이 내 살 속에 파고든다면
나의 정맥들로부터 우유를 빨아먹는다면
어떻게 될까?
내 몸을 감싸라.
그를 감싸라.
그를 미이라로 만들어라.
짠 석회 속에 유황석 속에
돌같이 단단한 석탄 속에 그를 묻어라.

2. 가증스런 자비

예수의 눈물 속에는
사랑의 기도가
노래하는 부활절이 있다.
너는 죽음의 소망이 돌로 만들었던
죽은 이를 부활시킬 수 있나?

바위를
아치형의 무덤 속에
쌓여있는 메마른 무덤을
나에게서 제거할 수 있나?
가증스런 자비는 봄의 열기보다 더 잔인하다.
내 친구 예수가 사랑의 기도를 낭송한다.

두려움의 열병과 가증스러운 비전을
눈꺼풀로부터 씻어버리지 않은 채
나의 슬픈 여동생을 질식시켰던 어둠을
쫓아버리기 위해 그가 어떻게 나를 부활시킬까?
이전부터 되었던 것과 되었었던 것은
뱀들이 꿈틀대듯 내 머리 위를 기어가는 번개
송장 먹는 귀신이 지나가는 거리
어두운 동굴들.
악마가 태양의 얼굴을 파괴하고
해골의 아름다움을 빼앗았다
어둠이 열매의 불꽃으로부터 피를 흘린다
회전불꽃이 사람들을 씹는다
어둠 속에서 불이 죽는다
어둠이 불에 녹는다

3. 바위

당신이 만일 계절의 신이라면 너의 힘을
증명하라, 바위를 경작하라, 어지러운 소용돌이로부터
우리를 보호하라
순간을 영원케 하라
우리를 송장 먹는 귀신의 계곡으로 토해내는

파도를 얼려버려라.
목소리가 말한다,
악마의 시선 위로 진홍색 장막을 던지다니
헛되도다.
나는 구슬피 울며 말했다,
나는 추위에 떨며
도시의 시장들을 부유하는 송장이었다.
회전불꽃이 사람들을 씹는다.
불과 소용돌이에 맞서는 나는 누구인가?
무덤 파는 이여, 구덩이를 깊이 파라.
깊이를 알 수 없을 정도로 깊게 파라.

4. 그가 부활한 몇 주 후의 나자로 부인

검은 그림자가
내 가슴의 거울 위에서 낮잠을 자고 있었다.
불꽃 태풍 위에 있는
죽은 배는
나의 가슴과 나의 머리카락.
그의 눈에선
구덩이의 진흙투성이 밤이
눈으로 뒤덮인 사막 너머로
시끄러운 소리를 내며 달려가고 있었다.
나는 내 소리의 메아리를, 내 얼굴을
내 눈을, 내 인생을
그곳에서 찾았다니 헛되도다.
가끔 활활 타오르는 검이
미쳐 숨을 헐떡이는 단검이, 맹인이
굶주린 호랑이가 사막을
건너가곤 했다.

그는 불같이 화를 내며
오솔길에서 나에게 건초를
한 이상한 여자를 건네준다.
그는 내 고통을 갈망하고, 나의 놀람이
그의 송곳니를 만족시킨다.
나는 그의 두 눈에 자비를 간청했다.
내 눈에는 한탄하며
낯선 이 앞에서 옷을 벗었던
한 여자의 수치스러움이 있다.
왜 그는 번쩍거리는 검은 유황을 흘리는
정맥도 없는 우울한 시체로
구덩이로부터 돌아왔을까?

5. 장신구

이웃이여, 나의 이웃이여
내 사랑이 죽음의 유배지로부터
어떻게 나에게 돌아왔는지
어떻게 돌아왔는지 묻지 말아줘.
집의 돌들이 노래한다.
집의 문지방들이 노래한다.
항아리의 술이 노래한다.
슬픔의 장막이 우울한 빛을 뿌린다.
담장이 우울한 빛을 뿌린다.
동굴이 문어귀에서 잠을 잔다, 향기들이 모인다.
내 사랑이 죽음의 유배지로부터 돌아왔다.
그의 팔이 나무줄기처럼 내 가슴을 감싼다.
슬픈 밤 불타 재가 된
그의 팔이 정성을 다해 빨간
장미의 맥박을 경작한다.

죽음을 파멸이라고 생각한 사람이
타작마당을, 수확물 더미들을 책임지게 하라.
내 사랑의 얼굴을 보게 하라.
내 사랑이 죽음의 유배지로부터
어떻게 돌아왔는지를 알게 하라.
나는 그의 두 눈에 자비를 간청했다.
내 눈에는 한탄하며
낯선 이 앞에서 옷을 벗었던
한 여자의 수치스러움이 있다.
왜 그는 번쩍거리는 검은 유황을 흘리는
정맥도 없는 우울한 시체로
구덩이로부터 돌아왔을까?

6. 패배자 키드르(성 조지)

그는 왜 부드럽고 달콤한 내 가슴에 있는
순수하고 흔들리지 않는 사랑을
달빛 속에서 피어나는 구름 같은
술과 향기로 파도치는 침대 같은 사랑을
타는 듯한 소용돌이 위에 있는 방주의 천국을
다시 원하지 않았나.
그는 언제나 내 가슴으로 돌아오곤 했었다.
그는 패배하고, 치유될 수 없는 상처를 입은 채
이마 위에 부서진 파편들을 가지고
두 손에 진실의 파편들을 가지고 돌아왔다.
한 미인이 용의 분노를 진정시키기 위한
희생양으로 선택되었다.
그녀는 죽음을 기다리다 죽임을 당했다, 패배했다.
악몽의 유령은 형체도 없다.
턱뼈들은 사탄의 맷돌들.

돌을 조각냈던 내 칼은 무디어지고
형체도 없이 녹아버렸다.
내 심장을 산산 조각내는 발톱은 불 곡괭이.
해변에는 한 아이가, 한 나사렛 사람이
세상 깊은 곳에 복숭아나무를 심는다.

7. 황혼의 결혼식

치유될 수 없는 상처 틈에서 나오는
붉은 연기는 얼마나 사나운지.
태양이 술과 향기로 파도치는
침대에서 죽어가는 상처 입은 사람을 위해
황혼의 결혼식에서 그를 만난다.
술에 취한 뱃사람이
멋진 보라색 옷을 입고 있다.
유령들의 턱뼈들이 그의 뒤에서
거품을 일으키며 화를 낸다.
대지가 우울한 침묵 속에서 그를 흔든다.
밤의 악몽들이 그의 눈을 바위로 짓누른다.
패션 잡지들이
무관심하고 냉담한
상처 입은 사람의 얼굴위로 떨어진다.
그는 미친듯이 신속하게 피를 뿜어내고
잔뜩 녹이 슬고 모욕을 당한 땅에 물을 뿌린다.
한 세대에서 다른 세대로 울려 퍼지는
종소리들의 메아리를 듣는다.
그는 잎이 우거지고 상처를 입은
칼이었다, 샘이었다.
보라색 옷을 입은 술에 취한 뱃사람이었다.
숯으로 된, 술과 향기로 된

너의 부드럽고 달콤한 가슴은
언제나 치유될 수 없는 상처를 입고
패배한 이를 치료하곤 했다.

나는 그의 두 눈에 자비를 간청했다.
내 눈에는 한탄하며
낯선 이 앞에서 옷을 벗었던
한 여자의 수치스러움이 있다.
왜 그는 번쩍거리는 검은 유황을 흘리는
정맥도 없는 우울한 시체로
구덩이로부터 돌아왔을까?

8. 수년 후의 나자로 부인

침묵하는 하얀 파도들에서 나를 죽여라
눈보라와 유랑의 밤들이여, 범람하라
밤들이여, 범람하라
나의 그림자와 발자취들을 쓸어버려라
내가 길렀던 번개를 쓸어버려라
내 상처에 꽃을 피우는
내 면전에서 불같이 화를 내는 뱀을 죽여라
이삭에 메뚜기의 어금니들을 낳는
풍요를 쓸어버려라
갈색의 열매를 쓸어버려라
태양이 잿빛 음식들 위에 있다
여전히 초록색 턱수염과 허벅지를 가지고 있는
내장들이 길어지고 있는 시체를 쓸어버려라
대지는 기마병들, 몽고 기마병들의
잔인한 폭포에 공격당했다
사원은 불속에서 무릎을 꿇고

노란 책들은 불평하며
말발굽 아래서 연기로 변했다(하략)

6. 맺음말

1982년 이스라엘의 레바논 침공을 한탄하며 자살을 한 레바논 애국 시인, 기독교 탐무즈 시인인 칼릴 하위는 구약과 신약에서 기독교 신화들을 대거 채택하였으며, 또한 일부에서이지만 아랍의 신화와 원형을 시적 영감의 원천으로 삼았다.

칼릴 하위는 〈빙하 이후〉에서 유일하게 아랍 신화인 탐무즈 신화, 바알 신화, 전설 속의 새인 불사조 신화를 사용하였다. 이들 부활과 비옥(다산) 신화는 이 시가 포함된 《재의 강》(1957)의 다른 시들에서 보여주었던 절망과 상실을 극복하고자 하는 시인 자신의 희망을 표출하기에 가장 적합한 매개체였다. 그 외의 다른 시들에서는 주로 소돔, 요나와 고래, 나자로, 예수, 마리아 등과 같은 신·구약성서에서 가져온 기독교 신화들을 많이 사용하였다.

한편 〈신드바드의 여덟 번째 항해〉(1961)에서는 중세 아랍문학의 대표적 산문 유산인 《천일야화》로부터 아랍의 원형적 탐험가인 신드바드를 차용했으며, 자신의 내면세계 탐구를 신드바드의 모험에 비유했다. 그는 낡아빠진 선입견과 유산으로 남겨진 아랍의 전통 관습들과 사상들, 즉 종교에 대한 선입견과 인간의 정신을 제한하는 규범들, 성(性)에 대한 지나친 금욕주의를 벌거숭이가 될 때까지 하나하나 벗어 던진다. '여덟 번째 항해'에서 신드바드가 발견한 보물은 바로 비전(Vision)이었다. 항해로부터 신드바드는 무사히 돌아오며, 이것은 아랍의 부활을 알리는 분명한 비전인 것이다.

〈1962년의 나자로〉에서는 1948년 팔레스타인의 붕괴 이후 전 아랍 국가들에 다가온 비극을 상징적으로 표현하고 있다. 이 시는 죽은 지 4일 만에 예수에 의해 부활된 나자로라는 인물을 기초로 하고 있다. 나자로는 이미 결정된 사실들을 변화시키는 데 실패한 현재의 아랍인들을 상징한다. 그는 절망에 빠져, 삶의 세계를 떠나려는 열망에 사로잡혀 있었으며, 더 강력한 영원한 죽음을 열망하였다. 예수가 그를 죽음에서 부활시켰을 때에도 기적이 그에게 생명을 주지 못했다. 왜냐하면 기적이라 하더라도 생명을 진정으로 원하지 않는 사람을 소생시키지는 못하기 때문이다. 이 시는 팔레스타인 붕괴 이후 아랍인들이 겪은 좌절과 퇴보의 결과로 나타나는 압도적인 염세주의를 반영하고 있다.

《칼릴 하위의 대표시들》

〈다리〉

나는 충분히 동지들의 아이들을
가질 수 있어
그들의 사랑은 빵과 포도주.
추수로부터
나는 그날에 충분한 양식을 가지고 있고
내 마을에서

새로운 빛이 빛날 때마다
추수의 축제를 기대할 수 있다

나는 결코 죽은 사람과
사랑을 해본 적이 없었다
향수, 금
술, 보물들과도 없었다
몹시 여윈 박쥐는
그러한 사랑으로부터 태어난다
목숨을 빼앗고
생명을 주는 그는 어디에 있나?
기름과 유황으로
고름의 악취를 씻어
그의 창조물을 회복시키는 그는 어디에 있나?
목숨을 빼앗고
생명을 주고, 노예들의
자손들로부터 다시
어린 독수리들을 낳아
회복시키는 그는 어디에 있나?
이제 아버지와 어머니를
닮지 않은 그 아이는
그들과의 관계를 거부한다.

어떻게 우리 집은
구식과 신식 사이를 흐르는
바다와 같이 두개로
쪼개질 수 있나?
자궁을 찢는, 정맥들을 찢는
비명들 같이?
한 지붕 아래 있는 우리는 왜

바다들, 벽들
차가운 재와 얼음의 사막들에 의해
분리되나?
그들은 아침에
너무도 사뿐히 다리를 건넌다.
내 갈비뼈들, 다리가 뻗어나가
동굴들로부터, 동방의 늪들로부터
새로운 동방으로 도착한다.

내 갈비뼈들은 그들을 위한 튼튼한 다리.
"그들은 지나가고 너는 혼자 남을 것이다
사제는 몰아치는 바람들에게
너를 유골을 남겼다."

침묵, 올빼미, 고동치는 가슴!
역사의 올빼미는 나에게
무엇을 요구하나?
내 금고들에는 셀 수 없을 만큼 많은
보물들이 있다.
손들의 선물을 기뻐하라
삶의 본질을 기뻐하라
기억과 신념을 기뻐하라
숯불들과 포도주를

나는 내 동지들의 아이들을 가지고 있다
그들의 사랑은 빵과 포도주

추수로부터 나는
그날에 충분한 양식을 가지고 있다
나는 너무도

추수의 축제를 기대한다

나는 네가 오는 것을
눈의 계절을 두려워하지 않는다
왜냐하면 나는 숯불들과 포도주를 위한
충분한 창조를 가지고 있기 때문이다

〈유럽의 동방박사〉

(동방의 별들에 의해 인도되었던 동방박사는
한 아이를 발견했고 그 앞에서 무릎을 꿇게 되었다.)

동방박사여, 계속했니?
새로운 땅들을 향해
대양의 홍수와 문명을 따라 갔니?
신이 동굴 속에서 지금 다시
신분을 밝힌 것을 발견했니?
이리와. 그 길은 여기서 시작한다
그 별은 여기서 빛난다. 여기 다시
너의 여행을 위한 양식이 있다.
모험의 별이 네가
사상의 실험실들의 문을 시험할 수 있는
어릿광대들과 함께 찬사를 위한
생각을 버릴 수 있는 곳 파리로
너를 인도하게 하자. 그리고 로마에서
너는 수의를 입고 있는
간절한 사제들에 의해 흔들렸던
향로들의 불빛에 의해 소멸될 별을

볼 수 있을 지도 모른다
우리는 런던에서 그것을 잃어버렸다, 석탄 안개 속에서
무역 암호 속에서 잃어버렸다
크리스마스이브에 별이 없다
아이와 마구간에는 아이들의 믿음이 없다
한 밤중, 크리스마스이브, 바람 한점 없다
텅 빈 거리, 슬픈 웃음소리.
우리는 도시의 동굴들을 향해
신성하지 않은 거리를 걸어 내려갔다
눈들이 문에서 문으로 움직였다
우리는 눈들에게 질문했다, 마구간이 어디야?
빨간 불빛 아래서 우리는 글이 새겨진 문을 발견했다
지상 천국! 여기엔 유혹할 뱀이 없고
돌을 던질 재판관이 없다
여기 가시 없는 장미들이 있다
벌거벗은 이는 무죄.
"빌려온 얼굴들을
매스꺼운 카멜레온에게서 벗긴 껍질들을 벗어 버려!"

"우리는 얼굴들을 벗지도 입지도 않는다
우리는 빌려온 얼굴들과 마음들을 가진
비극들을 낳았던 베이루트 출신.
생각들이 태어나고 창녀들이
우리의 빨간 불빛 구역에 있다.
처녀성에 반대하는 생명을 통과해."
"빌려온 얼굴들을 벗어버려!"

우리는 무덤들의 밤으로 들어가는
사람들처럼 들어갔다
불이 켜져 있었다, 몸뚱어리들이

마법의 곡조에 맞춰 불춤을 추고 있었다
머리 위 어둠이
크리스털 샹들리에서 파란 불꽃을 번쩍였다
떨어지는 부패물이 벽에서
술로 바뀌었다, 길의 진흙들이 금으로 바뀌었다
우리가 신경들과, 심장과 피를 하나로 합쳤을 때
술이 우리의 몸뚱어리들을
물과 진흙으로 깨끗이 씻어주었다.

이것이 지상 천국.
너는 기도. 하늘이 땅 위에 있다.

우리는 무덤들이 밤으로부터 천국을 모았던
연금술과 마법사를 존경해서
무릎을 꿇었다, 그를 경배했다
신이 동굴에 나타났다.
피곤의 신이여
상실의 신이여!
태양 광선과
확신의 공포를 피하는
문명의 세계로부터
지하세계의 동굴들에 숨었다.(1957)

〈뱃사람과 다르위시〉

율리시스와 함께 그는 미지의 세계를 방랑했고
파우스트와 함께 지식을 되찾기 위해
그의 영혼을 포기했다. 그러나 그는 과학의

절망을 종식시켰다. 헉슬리와 함께 그는 그것으로부터
멀어졌다. 그리고 신비주의의 원천인 갠지스 강 둑으로
항해했다. 그는 여기서 단지 죽은 시체밖에 발견하지
못했고, 저기서 시체를 따뜻하게 녹였다.

지독한 배 멀미
어두운 길과 광활한 미지의 세계
흐릿한 불빛.
죽음이 귀찮게 따라붙는 미지의 세계가 드러나고
물에 빠져 죽은 이를 위한 푸른 수의들이 펼쳐지고
텅 빈 수평선에서 하품을 하는 동굴 입구들이
불꽃으로 타오른 후
바람이 그를 엉뚱한 곳으로
바람이 그를 유서 깊은 동방으로 내던졌다.
그는 이야기꾼들이 말했던 어떤 나라에 내렸다.
나른한 선술집, 전설들, 기도
음울한 그림자와 함께 있는
대추야자들, 부드러운 속삭임
그의 따스한 신경들 속에 있는
감각을 마비시키고 기억들을 살해했던
축축한 술집
멀리서 들려오는 메아리
먼 항구들의 유혹들.
오, 그가 벌거숭이 다르위시들의 황홀경에
도움을 받을 수 있다면
기억의 시간들에 의해
그렇게 인생이 지나가
늙은 다르위시 주변을
돌고 있는 시간들에 의해 깜짝 놀라게 된다면,
그의 다리들은 진흙 속에 있는 뿌리들에 얽혀

움직이지 못하고, 황무지가 흘렸던 것을 마신다
그의 피부에서 플라스틱 식물들이 자란다.
시간만큼 늙은 이끼와 두꺼운 담쟁이덩굴이
결코 깨어나지 않은 그의 감각으로부터
그의 정맥들 속에서 울부짖고 있는
비옥의 계절 속의 모든 몫을 분열시키고
갈가리 찢어진 그의 피부 위에 조각들을
우아하게 자랑스럽게 심었다.

이제, 보이지 않는 깊은 세계에 너의 눈들을
못 박았던 보물들을 나에게 말해줘.
내가 고대 갠지스 강 둑에 웅크리고 앉았을 때
세상의 길은 멀고
그 모든 길은 내 문에서 끝난다.
내 오두막집에는 쌍둥이들이
신이, 오래된 시간이 쉬고 있다.
글쎄, 내가 본 것은 무엇일까?
서해안에 자리 잡고 있는
죽음, 재들, 불.
잘 봐, 그럼 볼 수 있을 거야. 볼 수 없어?
화를 내고 있는 송장귀신을.
흙이 불같이 화를 내고, 항구가 떠들썩하다.
자 보라! 모든 세상이 예나 지금의 흙의 폭발로부터
아테네와 로마의 폭발로부터 괴로움과 고통을 잉태한다,
작은 융기들과
시간의 거부로부터 나온 재들을 뒤에 남겨둔
하루 밖에 살지 못하는 것의 가슴 속에서 재잘거리는
열병으로부터 나온 고통을 잉태한다.

고통스러워하는 송장귀신은

얼마 전에 태어난,

죽음이 가까이 있는 동안

그를 위해 그의 신경들로부터

수의들을 풀고 있는

회색 손을 가지고 있는 아이.

한편 너는 수천 년 동안

내 자리에서 웅크리고 있는

고대 갠지스 강 둑에 웅크리고 있는

나를 본다.

내 오두막집에는 쌍둥이들이

신이, 오래된 시간이 쉬고 있다.

나는 네가 짊어질 수 있는 것보다 더 많은

올바른 비전들을 지고 있었는지 궁금하다?

날 내버려 둬! 가로등은 내 눈에서 죽었어.

내가 알지 못하는 곳으로 가도록 내버려 둬.

멀리 있는 항구들은 나를 잘못 인도하지 않을 것이다.

나는 얼마나 자주 이글거리는 진흙에 불탔는지

나는 얼마나 자주 죽은 진흙과 함께 죽었는지.

멀리 있는 항구들은 나를 잘못 인도하지 않을 것이다.

바다와 함께, 바람과 죽음과 함께

물에 빠져 죽은 이를 위한

푸른 수의들을 펼치게 내버려 둬.

그의 눈에 가로등들이 있는 한 선원이 죽었다.

그의 눈 속에 있는 불빛이 죽었다.

영웅적인 위업들도, 겸손한 기도도

그를 구하지 못할 것이다.

〈해변의 진니[71])〉

1. 집시의 천막들

방해가 되는
땅도, 말뚝들도, 가재도구들도 없는
바람 따라 흘러가는
때마다 열리는 잔치들을 멀리하고
바다를 부유하는
이런 저런 잔치를 길에서 맞이하는
바람이 집시 천막들 주위에 남겨두었던
불과 술잔치의 흔적들을
말끔히 씻어버리는
그런 집시 천막들에서
나는 갈색 피부의 미인이 아니었던가.

2. 사슴들과 하마들

내 몸에는 부드러운
모래의 성질이 아니면 무엇이 있나.
갈증 난 모래들이
해변들과 해협들을 공격해 주름지게 하는
성난 파도를 원한다.
메아리들이 산맥을 넘어 나를 따라오나?
해변들에는
태고의 얼음이 있다.

---

71) '진니'는 사전 상으로는 '악마, 사탄'으로 번역되기도 하나, 《천일야화》에
   등장하는 진니의 성격은 천사와 사탄의 성격을 다 가지고 있는 초능력의
   존재이며, 천사와 인간의 중간 단계라고 한다.

포플라 나무 그늘이 나를 불태웠다
푸른 가지들이
내 마음 깊은 곳에 숨어 있는
불꽃을 배반한다.
나는 하루 종일 이글거리는 것들을 바라본다.
부글부글 끓어오르는 거품이
피의 연못에 있는 것들을 덮는다.
증기가 붉게 충혈된 눈을 비비며 나타나
사슴 무리들을 쫓아버리는 숫 사슴에게서 멀어진다.
내가 사슴들에게 짓밟히면 어떻게 될까?
내 몸은 신음하고, 움츠리고, 기절하고
먹이가 되고, 푸른 초원이 되고, 들판이 된다.
야생 박하가
산기슭에 초원을 이루고
두 개의 바람이 계곡들에 피어있는 박하들을 몰아치고
두 무리의 사슴들이 그곳에서 즐겁게 뛰어 논다.
하마들이 박하 들판을 짓밟고
걸프로 달려간다.
부드러운 육체 속에는
깨끗하고 빛나는 거울이 남아 있다.
폭풍이 스쳐가건 스쳐가지 않건
포도송이가 조용히 익어간다.

3. 도시에서

추수 잔치가 아니라면
비옥한 황폐한 사과가 없는
도시의 밤들에 내가 있었던가.
나는 내 육체로부터, 내 피로부터
술과 빵을 제공하였다.

나는 주름잡고 10개의 족쇄들로
꽉 조여진 육체에 놀랐다.
그것이 열의 달콤함이 아니면 무엇을 먹고
열매를 맺을 수 있나?

4. 모세의 사제와 최후의 심판

재를 뒤집어 쓴
검은 것이 나를 덮친다
나는 노란 거품 속에서
동굴 속에서 이글거리는 유황을 본다
용암과 서서히 퍼져나가는
부드러운 살이 타는 연기를 본다.
"세례가 저주받은 육체를 결코
정화시키지는 못할 것이다."
나는 내 육체로부터, 내 피로부터
술과 빵을 공급했다.
그가 까마귀들이 물어뜯도록 내 간을 찢어버리고
개들이 나를 거의 찢어놓는다.
오늘도 나는 두려움에 떨고, 두 눈을 감고
소리치고 참을 수가 없다.
내 젖가슴 속에서 불씨들이 소리친다,
길 위에서
육체가 죽는다, 깨어난다

5. 진니와 죄의 낙인

붉은 저주가 내 이마에 낙인을 찍었다.
옛날부터 아직도
그들은 이야기한다, "나에게는

불이 근접치 못하는
멧돼지들과 화살들이 근접치 못하는
놀라운 육체가 있다.
그들이 이야기하길,
나는 동굴들에서 아이들의 살을 요리한다
나에게는 남자들을 사냥하는 눈이 있다.
나는 지나가는 행인들의 놀람과
저주받은 메아리를 느끼면 죽는다.
십자가의 이름으로,
아마 십자가가 그것을 물리칠 것이다."
짐시 사과는
비옥한 황폐한 처녀.
나는 아직도 죄가 무엇이며 어떻게
죄를 씻을지 알지 못한다.
"십자가의 이름으로"라는 말이 두렵다.
나는 해협의 파도들 위에
걸려 있는 동굴 속에서
모래를, 배설물들을, 개들을
오래되고 버려진 항구를 훔친다.

6. 미친 노인

밤의 번개들이
동굴 구석에서 놀고 있었다.
번쩍거리는 불꽃, 열, 추위, 어둠
불빛, 안개가 동굴에 퍼져 있었다.
내가 깨어났을 때
내 이마에서 반짝거리는 붉은 낙인에 매료되었다.
지나가는 행인들의 놀람에 기뻐했다.
사실 나는 밤에

달빛 속에서
산호가 입을 벌릴 때
나의 머리끈들의 하얀 색이 약해지면
내 얼굴의 구멍들이 지워지면
아이들의 살을 요리한다.
변용제(變容祭) 때 나는
고대의 어리석음의 나무를
늙은 육체의 껍질을 벗는다.
나는 길에서 노래를 부르기 시작한다,
"비옥한 황폐한 사과는
집시 천막들의 갈색 처녀."
아침의 심장이
진주 다발이 내 젖가슴에서 빛난다.
새벽과 함께
나는 즐겁게 변장을 하고
저주들을 피하고, 인류를 조롱한다.
틀렸어, 내가 똥 더미들에서
오렌지 껍질들을 파내는
늙은 노파라는 것을 알려하다니.

제 7 장

다재 다능의 예술가, 자브라 이브라힘 자브라

(1919~1994)*

1. 머리말

　　자브라 이브라힘 자브라(이하 자브라)는 소설, 시, 비평, 미술, 번역 등의 여러 분야에서 서구 학자들뿐만 아니라 수많은 현대 아랍 문인들로부터 그 재능과 업적을 인정받은 20세기 아랍을 대표하는 다재다능한 문인들 중의 한사람이었다.

　　소설가로서 자브라는 국내외의 저명한 비평가들에 의해 훌륭한 소설 작품들을 쓴 매우 능력 있는 소설가로 인정받았으며, 시인으로서는 현대 아랍 자유시 운동을 앙양시켰다는 점에서 높이 평가되었고, 비평가로서는 다섯 권의 비평서를 출판할 정도로 활발한 활동을 했으며, 번역가로서는 특히 세익스피어(1564~1616)의 6대 희곡을 번역함으로써 현대 아랍 희곡 발전에 기여하였고, 미술가로서는 이라크 미술을 재건하는 데 커다란 공헌을 하였다.

　　특히 시인으로서, 자브라는 팔레스타인 시인 타우픽 사이그 (1923~1971), 시리아 시인 무함마드 알마구트(1926~) 등과 함께 매우 성숙한 자유시를 실험한 시인들 중 한 명이었으며, 탐무즈 신화의 열광자들 중의 한 명이었다. 그는 첫 번째 산문 시집 《도시의 탐무즈》에서 파멸·붕괴·죽음의 상징들이야말로 시인 자신이 과거 수년 동안 찾고자 했던 비옥의 근원을 요약하고 있는 것 같다며 신화사용을 적극 지지하였다. 한편 자브라는 자신의 시에서 탐무즈 신화를 명시적인 방법보다는 암시적으로 사용하였으며, 이는 T. S. 엘리엇의 영향 때문인 것으로 보인다. 자브라는 죽음과 부활의 모티브를 열정적으로 사용했던 탐무즈 시인들 중의 한 사람으로서 신화의 깊고 보편적인 중요성을 설명하기 위해 많은 노력을 기울였으며, 탐무즈 신화를 사용하는 일단의 시인들에게 "탐무즈 시인들"이라는 명칭을 붙였다.

필자는 자브라가 보여주었던 다재다능한 재능들 중에서 시인으로서의 자브라 이브라힘 자브라에 초점을 맞추어 논의를 전개할 것이다. 우선 현대 아랍세계를 대표하는 위대한 문인들 중의 한 명임에도 불구하고 우리들에게 알려지지 않았던 작가의 생애와 작품들을 가능한한 상세히 알아보고, 다음으로는 아랍시에 대한 그의 비평들을 살펴볼 것이다. 마지막으로 자유시 운동을 주도했던 탐무즈 시인들의 한사람으로서 자브라의 작품들 속에 나타난 탐무즈 신화의 구체적인 실험을 탐색해 보고자 한다.

자브라 이브라힘 자브라가 아랍시에 끼친 가장 큰 공헌은 아랍시비평과 신화사용을 들 수 있다. 따라서 아랍시 비평과 신화사용에 관한 본 연구는 자브라가 현대 아랍 자유시에 끼친 영향과 그 업적을보다 종합적으로 살펴보는 계기가 될 것이다.

2. 생애 및 작품

자브라는 1919년 팔레스타인 베들레헴의 기독교 가정에서 태어났다. 그의 아버지는 농부였으며 가끔 지방 수도원들에서 정원사로 일하기도 했다. 자브라가 초등학교 4학년 때 집안 형편이 어려워져 그의 형 유숩은 학교를 중단하고 가족의 생계를 돕기 위해 목수와 대장장이 일을 해야만 했다. 설상가상으로 루머티즘을 앓고 있던 그의 아버지는 일 년 뒤 완전히 불구의 몸이 되어 1946년 사망할 때까지 나머지 생을 침대에 누워서 지낼 수밖에 없게 되었다. 자브라가 5학년을 마친 해 모든 가족은 예루살렘으로 이사를 했고 가난한 동네인 자우라트 알인납의 단칸방에서 살았다. 자브라도 여름방학 때마다 목수나 배관공 일을 해야만 했다. 그러나 그는 경제적인 어려움에도 불구하고 라쉬디야학교와 예루살렘의 아랍대학에서, 그 이후 1939년부터 1943년까지는 영국의 엑스트대학교와 캠브리지대학교에서 공부를 계속했다. 영국으로 유학을 떠나기 전에는 예루살렘의 우마리야학교와 바크리야학교에서 교사로 일하기도 했다.

자브라는 영국에서 돌아온 후 1944년부터 1948년까지 예루살렘의 라쉬디야대학교의 영어 선생으로 일했다. 이 기간 동안 그는 예루살렘의 예술클럽 회장 직을 맡았다. 이때 자브라는 출판되지 않은 그의 첫 번째 영어 소설 《메아리와 바보》,《긴 밤의 외침》을 썼다.

1948년 팔레스타인이 붕괴(앗낙사)하고 이스라엘이 건국된 후 그는 이라크의 바그다드로 피난을 떠났고, 1948년부터 1952년까지 바그다드의 예술과학대학교와 퀸 알리야대학교(바그다드대학교)에서 영문학을 가르쳤다. 1951년에는 이라크의 화가이며 조각가인 자와드 살림(1919~1961)과 함께 '바그다드 현대 예술 그룹'을 만들었다. 1952년부터 1954년 2년 동안에는 록펠러재단의 지원으로 하버드대학교에서 문학 비평을 공부했다.

1954년부터 1977년까지는 이라크 석유회사(이라크 국립 석유회사)의 편집부와 번역부에서 근무하며 회사의 문예 예술 잡지인 '석유 노동자'를 편집하였다. 1956년부터 1964년까지는 예술대학에서 강의를 했으며, 1968년에는 옥스퍼드, 캠브리지, 런던, 두르함, 맨체스터, 에딘버러 등의 대학들에서 강연을 하기도 했다. 1951년과 1971년 사이에는 화가로서 바그다드 현대 예술 그룹의 전시회들에 참여하기도 했다. 1976년의 1월과 6월 사이에는 방문교수로서 버클리의 캘리포니아대학에서 가르쳤으며, 로스앤젤레스의 캘리포니아대학교와 스탠포드대학교, 오스틴의 텍사스대학교, 샌디에이고의 캘리포니아주립대학교 등의 여러 대학교들에서 강의를 하기도 했다. 1977년부터 1984년 은퇴할 때까지는 이라크 문화정보부에서 전문가로 일했으며 은퇴 이후에도 고위직에서 일을 계속했다.

소설가로서 자브라는 서구 학자들뿐만 아니라 많은 현대 아랍 학자들에 의해 뛰어나고 재능 있는 작가로 인정받았다. 1930년대 후반부터 현대 아랍문학에 활발히 참여해왔던 자브라는 시인으로, 비평가로, 번역가로, 화가로, 단편소설가로, 장편소설가로 많은 작품을 쓰는 다재다능한 작가로 확고한 위치를 굳힐 수 있었다. 그러나 자브라는 다른 어떤 분야보다 새로운 분야로서의 소설(단편소설, 장편소설)에 특히 관심을 가졌다. 자브라의 이 분야에 대한 노력은 서구의 소설 작품들뿐만 아니라 아랍의 고전 설화들에 의해 고무되었다.

시인으로서 그는 어린 시절부터 현대 아랍시의 발전에 커다란 관심을 보여 왔다. 그가 영국에서 대학원을 다니던 시절과 예루살렘으로 돌아온 이후에는 영어로 시를 쓰고 발표했다. 이후 예루살렘의 아랍대학에서 고전 아랍문학에 대한 지식을 향상시킨 이후에는 아랍어를 시작 활동의 매개체로 사용하기 시작했다. 자브라는 베이루트에서 발행되었던 '문학가', '문학', '시', '대화'와 같은 유명한 문학잡지들에 수많은 시들을 발표했으며, 세 권의 시집을 출판했다. 그는 아랍시의 현대화에 결정적인 영향을 끼쳤던 '신시 운동'에 주도적인 역할을 했으며, 특히 '시'지의 문인들과 함께 소위 '산문시'의 혁신적인 운동을 주도했다.

비평가로서 자브라는 고전 유산으로부터 아랍 문예 비평의 창조적인 발전에 결정적인 역할을 했던 아랍어의 무한한 잠재력을 흡수할 수 있었다. 자브라의 창조적인 글쓰기는 아랍문학 유산과의 직접적인 접촉의 반향이며 그가 아랍 전통들에 충실한 결과였다. 자브라가 전통의 부활과 전통의 계몽적인 일부 양상들의 수용을 결합시킨 것은 그가 영문학과 비평주의 이론에 해박한 지식을 가지고 있었기에 가능했다. 자브라는 독창성, 모더니즘, 동서 관계, 참여와 같은 많은 논쟁거리들에 관한 비평을 수많은 잡지들에 게재했을 뿐만 아니라 다섯 권의 비평서를 출판했다.

번역가로서 자브라는 철학, 문예비평, 예술, 소설, 희곡과 같은 다양한 분야의 작품들을 번역했다. 특히 셰익스피어의 작품들에 대한 학술적인 연구들뿐만 아니라 그의 6대 희곡들을 번역함으로써 현대 아랍 희곡과 문학에 커다란 공헌을 하였다.

미술가로서 자브라는 특히 조형미술에 뛰어난 족적을 남겼다. 그는 이라크의 몇몇 활동적이고 헌신적인 예술가들과 함께 새로운 이라크의 미술과 조각을 지원하고 재건하는 데 헌신적인 노력을 기울였다.

자브라의 장편소설 작품들은 《긴 밤의 외침》(1946년에 저술, 1955년에 출판), 《골목길의 사냥꾼들》(1955년에 영어 저술, 1960년에 런던에서 출판, 1974년 베이루트에서 아랍어로 번역되어 출판), 《배》(1973), 《왈리드 마스우드를 찾아서》(1978), 《지도 없는 세상》(공저, 1983), 《태양왕》(1986), 《다른 방들》(1988), 《시라부 압판의 나날들》(1993)이 있다.

단편집으로는 《아락72)과 다른 이야기들》(1956), 《아락과 알파벳 야로부터 시작된 것들》(1956년에 발표된 단편집에 다른 단편들을 첨가하여 1983년에 출판)이 있으며, 시 작품들은, 《도시의 탐무즈》(1959),

---

* 이 글은 2005년도에 《지중해지역연구》 제26-1호에 게재되었으며, 일반 독자들을 위해 일부 내용을 수정하였다.

72) '땀'이란 뜻이며, 아랍인들이 대추야자로부터 만들어낸 증류수(술)로서, 페르시아, 원나라를 거쳐 우리나라까지 전해진 것으로 여겨진다.

《닫쳐진 궤도》(1964), 《태양의 상사병》(1979)이 있다.

비평서로는 《자유와 폭풍》(1960), 《오늘의 이라크 예술》(영어, 1961), 《여덟 번째 항해》(1967), 《현대 이라크 예술》(1972), 《자와드 살림과 반쪽 자유》(1975), 《불과 보석》(1975), 《비전의 샘들》(1979), 《예술, 꿈, 행동》, 《이라크 예술의 뿌리들》(1986), 《인생의 찬미- 문학과 예술의 에세이들》(1989), 《쓰디쓴 체제 속에서의 희망들》(1989)이 있다.

자서전으로는 《첫 번째 샘물》(1989), 《공주들의 거리》(1994)가 있으며, 아랍어 번역서로는 윌리엄 셰익스피어의 《햄릿》, 《리어왕》, 《코리올라누스》, 《오델로》, 《폭풍》, 《맥베스》, 《십이야》, 《소네트들》, 윌리엄 포크너(1897~1962)의 《음향과 분노》, 사무엘 베케트의 《고도를 기다리며》, 앙드레 말로(1901~1976)의 《바벨탑》, 오스카 와일드(1854~1900)의 《행복한 왕자와 다른 이야기들》, 《라퐁텐 우화들》, 《아도니스》(제임스 프레이저(1854~1941)의 《황금가지》를 번역), 헨리 프랑크프루트의 《철학 이전의 것》, 《문학가와 생산》, 알카산드라 엘리어트의 《예술의 지평선들》, 《미국문학 3세기》, 에릭 반틀리의 《드라마 인생》, 《신화와 상징》, 에드몬드 윌슨의 《엘셀 요새》, 얀 투트의 《현대의 셰익스피어》 등이 있다……

자브라는 1989년 소설가로서 사담 후세인상을 수상했으며, 비평가로서는 1990년에 알아와이스 술탄상을 받았다.

3. 아랍시에 관한 견해 및 공헌

20세기가 시작되면서 현대 아랍시는 내용과 형식에서 놀랄 만한 변화를 겪기 시작했다. 그 무엇보다 중요한 형식적인 변화는 '자유시'(free verse)의 소개라고 할 수 있다.

자브라는 'free verse'란 용어에 대해 편리하지만 정확하지 않은 것이며, 최초로 고전 형식을 부수고 나온 '바그다드의 시인들'[73]이 서구의 용어를 잘못 이해한 데서 생긴 잘못이라고 주장했다. 'free verse'란 용어는 서구에서 규칙적인 율격뿐만 아니라 운도 없는 시 형식에 사용된 것이었으며, 이라크의 여류 시인 나직 알말라이카가 각 행에 동일하지 않은 수의 음보들과 비 규칙적이고 다양한 운들이 있는 시에 사용했던 '알쉬으르 알후르르'란 용어는 'free verse'와 불어의 'vers libre'라는 용어의 문자적인 번역이라는 것이었다.[74] 실제로 자브라는 자유시의 서구적 개념을 채택했다. 그는 현대 아랍시에서 자유시라는 의미로 사용되기도 했던 '까시다 알나쓰르'(산문시)[75]라는 용어를 더

---

73) 바그다드는 압바시야왕조의 수도가 된 이후 이슬람세계 문화의 중심지가 되었다. 그러나 오랫동안 그 역할을 못하다가 1950년대 이후 '다르 알무알리민(사범대학)' 출신의 작가들을 중심으로 아랍시의 현대화 운동을 주도하였다. 대표 시인들로는 최초의 자유시를 쓴 시인들로 여겨지고 있는 나직 알말라이카와 바드르 샤키르 알사이얍, 저명한 사실주의 시인 압둘 와합 알바야티 등을 들 수 있다.

74) 이에 대해 나직 알말라이카는 자브라의 자유시 개념에 반대했다. 그녀는 자브라가 '알쉬으르 알후르르'라는 용어를 산문에 적용했다고 생각했다. 그녀는 칼릴의 운율체계를 기초로 하고 있기 때문에 '시'이며, 동일한 시행 내에서 다양한 음보들을 사용하고 있기 때문에 '자유'라고 불려진다고 자신이 용어 사용의 정당함을 옹호했다.

75) 이 용어는 1960년대에 처음으로 사용되었으나, 코란의 많은 메카 장들이 그렇게 불려질 수 있다는 점에서 코란만큼이나 오랜 된 용어이다. '까시다 알나쓰르' 시인들은 이전 그룹의 모든 시 개념을 무시하였고 현대적이고 보편적인 내용의 시를 쓰려고 노력하였으며 새로운 시대정신을 반영하려고 애썼다. 그들은 이전 시인들의 합리적이고 논리적이며 이상적인, 세상에 대한 인문주의적 이상을 거부하였고 베이루트의 '시'지에 그들의

선호하지도 않았으며, 자유시를 이주학파 시인 지브란 칼릴 지브란 (1883~1931)이 《예언자》(1923)에서 사용했던 '알나쓰르 알쉬으리'(시적산문)와 구별했고 또한 아민 알리하니(1876~1940)가 실험했던 '알쉬으르 알만쑤르'(시적 산문)[76]와도 구별했다.

자브라는 명실 공히 가장 열렬한 자유시 옹호자들 중의 한명이었다. 그는 시와 비평서를 통해 자유시와 자유시 운동에 전념했다. 또한 자브라는 서구의 시 경향들을 소개했고, 윌리엄 셰익스피어, 존 키츠 (1795~1821), 퍼시 셸리(1792~1822), 윌리엄 블레이크(1757~1827), 월트 휘트먼(1819~1892), 에디스(1892~1969), 에즈라 파운드 (1885~1972) 등과 같은 저명한 서구 시인들을 아랍의 독자들에게 소개하고 그들의 작품들을 아랍어로 번역하였다. 아방가르드 시인으로서 자브라는 아랍의 사상과 문학에 있어서, 또한 삶에 있어서 혁신의 중요성을 자각했다. 그래서 그는 서구의 낭만주의 사상에서 아름다움과 사랑뿐만 아니라 개인과 조국의 자유에 대한 그의 영감을 채워줄 수 있는 무언가를 발견했다. 낭만주의적 혁신은 그와 그의 세대가 내적 퇴보와 외적

작품들을 발표하였다. 그들이 비록 "산문 까시다"라는 용어를 사용하였지만 까시다의 전통적인 율격은 배제하였다. 대표 시인으로는 시리아의 아도니스(1930~)와 레바논의 운시 알핫즈(1939~)를 들 수 있다.

76) 수사학적, 시적 기법과 심미적인 결의 요소들(음, 리듬, 이미저리 등)을 사용하는 정교한 산문을 말한다. 때때로 산문시와 혼동되기도 하는 데, 산문시가 산문적 형식과 불규칙적인 리듬 이외에 상징, 은유나 시적 언어 등을 갖고 있으나 시적 산문에는 이러한 요소들이 없다는 점에서 분명히 구별된다.

한편 '알쉬으르 알만쑤르'는 영어의 'free verse'의 아랍어 번역이며, 이 용어가 아랍세계에 최초로 나타난 것은 1905년 10월 '초승달'지에 아민 알리하니의 실험을 평가했던 주르지 자이단(1861~1914)에 의해서였다. 이후 칼릴 무뜨란(1872~1949)에 의해 시집 『알칼릴』(1908)에 포함된 산문시의 제목으로 사용되었다.

제국주의에 맞서 싸우기에 적합한 모델이 되었다. 그래서 자브라는 셸리, 키츠와 다른 낭만주의 시인들을 따라감으로써 그들과 비슷한 혁신을 성취할 수 있을 것이라는 희망으로 그들의 열렬한 칭송자가 되었다.

1950년대와 1960년대 바그다드에서 자브라는 시, 소설, 그림과 다른 예술들의 혁신을 위해 투쟁하는 이라크 아방가르드 그룹에 참여했다. 일찍이 그는 예루살렘에서 유럽 문화의 연장이라고 여겼던 자신의 사상들이 사막의 본질을 띠고 있다는 사실을 발견했다. 따라서 자브라가 바그다드에서 시인과 비평가로서 자유시 운동에 적극적으로 참여한 사실은 전혀 이상한 일이 아니다. 자브라는 1952년 이라크 시인 불랑 알하이다리(1926~1996)의 시집 《죽은 도시의 노래들》의 서문에서 '알쉬으르 알자디드'(신시)라는 용어를 사용하기도 했다.

자브라는 인습적인 아랍시는 정치적이던, 경제적이던, 사회적이던, 지적이던 더 이상 현대 아랍에서 일어나는 변화들에 적합하지 않다는 사실을 수없이 선언했다. 제2차 세계대전(1939~1945) 이전의 아랍시는 너무도 장황하고 장식적이며 허약해 개인적이던 민족적이던 아랍의 경험을 강렬하게 전달할 수 없으며, 현대 아랍 사회의 실제 변화들을 전달할 수 없다는 것이었다. 자브라는 너무 명확함을 강조하며, 피상적이고, 지나치게 길고, 통일성과 극적 요소가 부족하고, 수사적인 어조가 지나치다는 사실들을 까시다의 단점들로 지적했다.

자브라는 이집트 신고전학파 시인 아흐마드 샤우끼(1868~1932)로 대표되는 신고전학파의 시에 대한 실망감을 표현했으며, 일부 비평가들이 현대 아랍시 혁신을 위한 모델로 여겼던 알리 마흐무드 따하(1901~1949)의 《사라진 어부》(1934)를 거부했다. 자브라는 현대 아랍시의 형식과 내용이 아니고서는 20세기의 첫 50년 동안 아랍세계에서 구체화되기 시작한 새로운 비전을 전달할 수 없으며, 따라서 새로운 형식들과 기법들을 찾아야 한다고 주장했다. 현대 아랍시를 전통적 형식들과 구별하는 것은 단지 형식만이 아니며, 비전의 변화가 일어나는 심리적인 분위기 또한 중요한 요인으로 보았다.

1948년 팔레스타인 붕괴 이후 상황이 급변하고 새로운 비전이 형성되기 시작했다. 시가 아랍 사회를 혁신시키는 데 중요한 역할을 할 수 있다는 의식이 확산되면서 자브라와 일부 시인들은 시적 어법, 특히 아랍시의 운율 체계와 같은 기본 요소들에 대한 재고가 이루어져야 한다고 생각했다. 자브라는 전통 리듬에 대한 거부를 선언했고 대신 시적 이미지나 사상의 '음악화'를 요청했다. 자브라에게 있어서 새로운 리듬은 오케스트라의 성격을 가지고 있으며, 시는 각각의 요소들이 상호 연관성을 가지면서 클라이맥스를 향해 이동해가는 하나의 '교향악'이었다. 아랍시의 인습적 리듬에 대한 자브라의 입장은 그가 시의 음악적 가치를 무시한다는 것을 의미하는 것이 아니라, 전통적인 형식이 새로운 시인들의 요구들을 충족시켜주지 못한다는 사실의 자각이었다. 첫 번째 시집 《도시의 탐무즈》(1959) 서문에서 자브라는 시들에 하나의 율격이나 여러 개의 다른 율격들을 사용하고 또는 율격을 전혀 사용하지 않는 다양한 실험들을 통해 리듬의 원칙들을 무시하고자 노력했던 사실을 소개하였다.

또한 자브라는 고전과 현대의 아랍시에 수사적인 풍조가 지나치게 만연하고 있다고 평가하고 이러한 경향에 맞서기 위해 조용히 읽을 수 있는 이미지들의 시, 즉 "속삭이는 시"(a whispered poetry) 또는 "이미지 시"(an imaged poetry)를 요구했다.

한편 자브라는 아랍시 신시 운동의 발생과 관련하여 서구시의 충격과 영향에 대한 가능성을 배제하지 않았다. 동서 간의 왕래가 활발했다는 사실을 고려해 볼 때, 서구시의 새로운 경향들을 인식하고 그 형식들과 기법들에 대한 상당한 지식들을 습득했던 아랍 시인들을 발견한다는 것은 그리 어려운 일도 이상한 일도 아니다. 이렇게 축적된 서구시에 대한 지식은 현대 시인들이 고전 아랍시로부터 획득했던 전통적인 요소들과 서로 영향을 주고받았을 것이다. 이러한 상호작용은 혁신적인 아랍 시인들의 반항정신을 촉발시켰으며, 자유시에 추진력과 지속적인 성장 분위기를 제공하였다. 일부 아랍 시인들은 유럽의 새로운 예술과 문학 운동들에 매료되어 과거의 경험을 극복하려는 시도로 자신들의 전통과 고유한 방식들을 버리기도 하였다.

자브라는 아랍 시인들과 비평가들에 가장 큰 영향을 주었던 현대 서구 작가로 T. S. 엘리엇(1888~1965)을 꼽았다. 아랍 시인들은 엘리엇의 시에서 자신들과 유사한 사건들에 대한 견해들과 전통 인식을 발견하였으며, 따라서 엘리엇의 《황무지》(The Waste Land: 1922)에 열정적으로 응답했다. 왜냐하면 아랍 시인들은 1948년 팔레스타인 붕괴 이후 아랍세계가 겪고 있는 비극이야말로 바로 '황무지'이며, 자신들의 고통과 한을 표현할 수 있는 가장 적합한 형식을 《황무지》에서 발견했기 때문이었다.

> 엘리엇은 많은 아랍의 젊은 작가들을 매료시켰다. 왜냐하면 엘리엇이 그들의 사상을 분명하고 간결하게 변론하는 것 같았기 때문이다……
> 또한 아랍 시인들은 《황무지》에 열정적으로 응답했다. 왜냐하면 그들 역시 제2차 세계대전뿐만 아니라 더 본질적으로는 팔레스타인 붕괴와 그 여파를 경험했기 때문이었다. '황무지'와 그 암시는 당시 아랍세계가 처한 상황과 이상 하리 마치 딱 맞아떨어지는 것 같았다.

자브라는 이미 살펴보았듯이 현대 아랍시에 끼친 엘리엇과 《황무지》의 영향을 인정하면서도, 한편으로는 현대 아랍시가 서구적인 성

향과 엘리엇풍의 방식을 가지고 있다는 일부 아랍 시인들의 주장에
강하게 반대했다. 자브라는 엘리엇이 위대하고 중요하며 중독성이 있
는 시인이라는 사실은 인정하지만 현대 아랍시에 대한 그의 영향을
인정하지 않았다. 사실 이것은 자브라가 현대 아랍시에 끼친 엘리엇
의 영향을 완전히 무시하려는 의도가 아니라 엘리엇의 영향을 지나치
게 과대평가하려는 경향을 경고하려는 의도로 보인다.

아랍문학의 전통과 언어에 관해서, 자브라는 전통이야말로 혁신적
인 시인들이 창조성과 혁신의 원동력을 가져온 원천이며, 모든 새로
운 첨가는 위대한 과거를 단순히 반복하는 것이 아니라 새롭게 변형
하는 것이라고 보았다. 언어 또한 전통으로부터 그 표현력을 끌어
오며, 훌륭한 시인은 그 근원들을 능숙하게 두드려봄으로써 그 언
어의 표현력뿐만 아니라 역동성을 탐구할 수 있다. 그러므로 자히즈
(775~868), 무타납비(906~965), 아부 누와스(756~810)와 같은 위대
한 작가들로 대표되는 아랍어의 진정한 근원들로 지속적으로 돌아가
는 것은 너무도 중요하고 긴급한 일이라고 보았다.

자브라는 새로운 아랍시의 특징을 독백, 은유, 신화, 상징과 같은
도구들의 두드러진 사용에 있다고 보았다. 청중들에게 자신의 시를
직접 낭송했던 고전 아랍시인들과는 달리, 독백을 통해 심리적이고
예술적인 방식으로 자신의 비극을 극적으로 표현하며, 따라서 독자는
단순한 청자가 아니라 관찰자가 된다. 무엇보다 새로운 아랍시의 가
장 두드러진 특징은 바로 신화와 상징의 사용이며, 새로운 시인들에
게 가장 인기 있었던 상징들 중의 하나는 고대 바빌로니아의 비옥신
탐무즈였다.

자브라는 제임스 프레이저 경(1854~1941)의 《황금가지》(The Golden
Bough, 1890~1915)를 《아도니스》(1957)라는 제목으로 번역했다. 이는

아랍 시인들에게 아랍 신화와 상징들로부터 영감을 얻을 수 있는 기회를 제공했으며, 탐무즈 신화를 광범위하게 사용했던 현대 아랍 시인들을 "탐무즈 시인들"이라고 불렀다[77]. 더 나아가 현대 아랍 시인들은 아랍과 이슬람뿐만 아니라 그리스, 이집트, 바빌론으로부터 가져온 상징들을 사용하기 시작했다. 일부 시인들이 신화와 상징을 직접적이고 피상적인 방식으로 사용한 반면, 자브라는 《탐무즈의 도시》에서 이들을 시의 배경으로서, 간접적인 방식으로 사용했다.

신화와 상징의 사용과 더불어 신시(新詩)의 또 다른 두드러진 특징은 바로 이미지와 은유의 사용을 들 수 있다. 새로운 시인들은 이러한 모든 도구들을 특별한 분위기를 창조하기 위해 결합하며, 자브라는 이것을 "타드민"(암시)이라고 불렀다. 암시는 새로운 시인이 세계를 명확하게 공식화하려 노력하는 비전을 창조하는 방법을 표현하기 때문에 매우 중요하다. 새로운 아랍시는 우리 세계의 새로운 이미지들과 우리 시대의 새로운 신화들을 창조한다. 더욱이 현대 아랍 시인들은 유기적이고 완전한 예술 작품을 만들기 위해, 특별한 감동을 창조하기 위해 여러 가지 분리된 그림들을 결합하는 몽타주처럼 확실한 조화 속에서 이미지들을 사용한다. 그 결과 시는 독자들에게 놀라움을 불러일으키는 심리적이고 지적인 충격을 창조하는 일종의 마술이 되며, 또한 시는 인생의 아름다움을 드러내는 일종의 조명이며 동력이 된다.

---

77) 자브라는 '시'지의 7-8호에 실은 유숩 알칼의 《버려진 우물》에 대한 비평에서 죽음과 부활의 이미지를 가진 신화를 주요 매개체로 사용한 시인들을 "탐무즈 시인들"이라고 불렀다.

4. 탐무즈 신화: 삶과 죽음간의 투쟁

자브라는 첫 번째 시집 《도시의 탐무즈》(1959) 서문에서 "살인, 분열, 죽음"의 상징들에 반대되는 "위안과 수확"의 근원들에 대한 부단한 탐색에 관심을 표명했다. 이것들은 신화, 특히 탐무즈나 아도니스 신화의 본질에서 나온 것들이다. 자브라는 이 시집의 여러 시들에서 신화를 단순하게 또는 복잡하게, 암시적으로 또는 산발적으로 사용하였다.

〈빌려온 조국에서〉의 표면적인 이미지는 매우 단순하다. 농부가 땅을 경작하기 위해 사막과 황무지를 가로질러 약간의 물을 힘들게 끌어오고 적들로부터 직접 자신의 손으로 물을 보호하려고 노력한다.

한편 자세히 들여다보면 신화적 요소들을 발견할 수 있으며, '삶과 죽음간의 투쟁'으로 이해할 수 있다. 탐무즈와 그 상대인 멧돼지는 투쟁의 주체이며, 탐무즈와 멧돼지간의 싸움은 영원히 반복된다. 탐무즈의 등장은 물, 씨앗, 나무, 열매, 집 등 생명을 가능하게 하는 모든 것들을 가져오며, 멧돼지의 승리는 가뭄, 한발, 파멸 등 생명을 불가능하게 만드는 모든 것을 가져온다. 이 시는 독자에 따라 정치적 시각으로 읽힐 수도 있으며, 이때 탐무즈는 패배한 조국, 빼앗긴 팔레스타인이 되며, 멧돼지는 조국의 적, 이스라엘이 된다.

삶, 생명	죽음
흩어져 있는 땅, 씨앗, 땅을 가는 사람, 물, 열매, 집, 집을 지으려는 인간의 노력, 땅 갈기, 물을 끌어오기, 씨앗 뿌리기……	뱀, 폐허의 만연, 상실, 돌무더기, 반란, 가뭄의 도래, 사막, 밤의 만연, 의심, 집에 내린 저주, 밤의 침투, 가시, 하이에나, 파충류……
탐무즈	멧돼지

뱀들의 초원으로부터
황무지와 상실을
빌려왔던 조국에서 나는
나의 정맥들과 갈비뼈들로 집을 지었다.
내 손으로 땅을 갈고
껍질뿐인
이름뿐인 영광에 매달리지 않고
사막들을 가로질러
어렵게, 어렵게 물을 끌어와
씨앗들을 뿌렸다.
수많은 가시들과 하이에나들이
집에 돌을 던진다.
밤마다 뱀들과 함께 몰래 기어들어와
내 열매를 강제로 덮어 버린다.
나는 내 손으로 내 팔뚝으로
주변에 있는 황무지의 파충류들을 쫓아낸다.
상실로부터 인간의 심장을 보호한다. (하략)

두 번째 시집 《닫혀진 괘도》(1964)에 포함된 〈프로메테우스의 저주〉
는 자브라가 알제리 혁명(1954~1962)의 6주기를 기념하여 쓴 시이다.
이 시 또한 '삶과 죽음' 간의 투쟁으로 이해될 수 있으며, 인간에게
불과 유익한 지식을 전해준 '프로메테우스'는 삶과 생명을, 신들의 왕
이며 장군인 '제우스'는 죽음을 상징한다. 현대 아랍세계의 상황에 비
추어 볼 때, '프로메테우스'는 알제리 동포의 상징으로, '제우스'는 프
랑스 제국주의자의 상징으로 읽을 수 있다.

삶, 생명	죽음
프로메테우스	제우스
간, 도시들, 해변들, 들판, 밀, 집들, 눈들, 심장들, 대도시들, 마을들, 땅, 가슴들, 처녀들, 포도들, 흰색, 들판, 언덕들, 경작, 젖통, 처녀, 거리들, 오솔길들, 꿀로 된 입술들, 데이지 꽃밭에서 잠을 잠, 강둑들	매, 찢음, 발톱, 부리, 벌레들, 전염병, 파편들, 쇠, 납, 총들, 발톱들, 파괴, 간격, 단두대, 전기, 물어뜯기, 의심, 돌, 화산들, 황폐함, 사막, 죽음의 계곡들, 사하라, 유성

"주인님, 저는 더 이상

간을 뜯어 먹을 수가 없습니다.

6년이란 세월이 제 머리칼을 하얗게 만들었습니다.

이건 산이 반복한 저주입니까?"

매가 장군의 두 손 사이에서

부리가 부서진 채 날개를 파닥거렸다.

그의 발톱이 장군의 발톱처럼

벌레들과 전염병의 기억으로 묵직했다.

제우스 장군이 소리쳤다,

"넌 나에게 너무 자주

패배를 예언하는구나.

넌 피난처의 주인이다

돌아가 반역의 간을 먹어 치워

우리의 영광을 즉시

나에게 가져오라."

"저는 해변에 있는

재들로 가득 찬 도시들을 보았습니다.

산에도 재가 있습니다.

밀밭에선

쇠를 경작했습니다.

주인님, 우리의 영광을 위해

산기슭들이 죽음을 뿌렸습니다.

총들이 동굴들 속에 그 메아리를 가득 채웁니다."

"우리의 영광을 위해."

장군이 그의 발톱들을 흔들면서 말했다,

"우리는 집들을 박살낼 것이다

언덕들의 바위들을

태양계 속에 있는 바위들을

쪼갤 것이다.

완전히 구멍 낼 것이다."

"주인님, 저주는?"

"네가 대도시들과 마을들의

눈들과 심장들에 구멍을 뚫었다.

남쪽에 있는

북쪽에 있는 대지를 물어뜯었다."

"주인님, 우리의 영광을 위해

천 마리의 매가 죽었습니다.

그들의 부리에

돌 같은 프로메테우스의 간이 있습니다.

프로메테우스는 죽지 않습니다."

"영광이……."

장군이 한숨을 쉬었다.

"단두대의 설치를

처녀들의 가슴들을 요청한다.

프로메테우스의 포도들은 얼마나 맛있는지

그의 하얀 집들은 얼마나 아름다운지!"

"주인님, 저주는?

저는 평원을, 언덕들을 물어뜯습니다.

씨앗을, 가축의 젖을 물어뜯습니다.

거리들과 오솔길들에서 소리를 지르는

처녀와 처녀들의 머리들을 물어뜯습니다.

꿀로 된 입술들이여

데이지 꽃밭에 누워 잠을 자면 얼마나 달콤한지
강둑에 누워 잠을 자면 얼마나 달콤한지!
심장이 언제나 흉내를 냅니다.
우리의 영광을 위해, 쇠로 총으로?
백 서른 살의 프로메테우스는
가시덤불과 바위의 이빨들 사이에
매들의 사정권 안에 놓여 있습니다."
장군이 벌떡 일어서며 소리를 질렀다,
"돌아가, 그에게 돌아가 그의 간을
그의 자손들의 간들을 먹어 치워.
나는 뼈에 사무친 그의 저주를 들었다
피난처에서, 아우레스[78]로부터 오란[79]까지
화산들이 소리를 지르는 것을 보았다
사막들이 그 저주를 내뱉을 정도였다.
너의 피난처로 돌아가
반역의 간을 먹어 치워!"
매는 장군의 두 눈에서 황무지를 보았고
거친 숨을 몰아쉬며 돌아갔다
그는 총들 위를
죽음의 계곡들 위를 선회했다
사막들을 넘어
고원지대로 피난처로 올라갔다
구름까지 태양까지 올라갔다
태양의 눈 근처에서
프로메테우스를 큰 소리로 불렀다, 그리고 추락했다
유성처럼 하늘에서 떨어져 내렸다

---

78) 알제리 북부에 위치한 도시.
79) '오랑'이라고도 하며, 알제리의 지중해 서부 연안인 오랑 만에 면해있는
   항만 도시이며 오랑주의 주도이다. 까뮈의 소설 《페스트》의 무대로도 유
   명하다.

부리와 발톱이 부서진 때 추락했다
두 날개를 프로메테우스의
두 발 위에 펼친 채
죽어 돌처럼 굳어져 추락했다 (전문)

자브라의 신화사용이 가장 성숙한 시는 바로 〈도시〉에서 나타난다. 이 시는 1940년대 말 'The House of Shadow'라는 제목으로 쓴 영시를 번역한 것이다. 이 시에서는 '탐무즈'라는 이름이 단 한 번도 사용되지 않았다. 그러나 이 시가 포함된 시집이 《도시의 탐무즈》라는 사실을 간과해서는 안 된다. 자브라가 이 시집의 머리말에서 밝혔던 희망들은 "도시로 춤을 추며 돌아오는" 것이며, 이 시집의 가장 마지막 시가 바로 〈도시로의 귀환〉이다. 이 시에서는 대중들이 "우리는 돌아왔다."라고 환호하며, 도시로 돌아온 사람들은 옛날처럼 귀환을 축하하는 파티를 열자고 요청한다.

이 시 또한 삶(생명)과 죽음간의 투쟁으로 읽을 수 있으며 남근, 씨앗, 줄기, 태양 등의 삶과 생명의 시어들과 그림자, 불모, 벌레, 무덤, 시체 등의 죽음의 시어들로 가득 차 있다.

삶, 생명	죽음
불빛, 집들, 손에 있는 남근, 실, 실타래, 씨앗, 줄기, 태양, 열매, 수액, 뿌리들, 가지들, 새싹, 꽃, 안개, 도시, 오솔길, 계곡, 폭풍, 바다, 도시의 문, 성난 파도, 푸른 동굴, 피, 초원, 웃음	버려진 거리들, 닫힌 상점 문, 그림자, 불모, 질병, 몸뚱이, 나무, 못, 벌레, 거센 바람, 태풍, 생산을 못하는 남근, 무덤, 눈먼 등불, 시체, 눈, 발, 쇠사슬, 검은 바위

어둠 속에 버려진 거리를
잠겨진 상점 문들을 봐

아침에 쭉 뻗어있던 거리를 봐
넌 닫히고 열린 문들 사이에서
아무렇지도 않게 잠을 잘 수 있었니?
나는 꿈에 짓눌려 있었다
나는 그림자들과 불빛과 함께 살고 있다
나는 불빛 때문에 아픔을 느낀다
나는 밤에도 낮에도
그림자들만 바라본다

잠겨진 모든 문마다 행인이
이루어질 수 없는 모든 욕망을 향해
부풀어 올라 뻗어나가는 그림자를
자신의 고통을 내려놓는다
대문간들에는 그림자들이
행인의 욕망들로부터
이기심과 이기심 사이에서
불모와 질병 사이에서
솟아난다
잠의 틈새들로 밤이
병에 걸린 몸뚱이들을
열매가 썩어 땅바닥에 뻗어진 나무들을 내팽개친다
너는 윤이 나는 못들처럼
말라 딱딱해진 너의 손가락들을 본적이 있나?
각각의 못은 시체에서 기어 나와
너의 뇌 속에 있는 둥근 빛들 위를 미끄러지는 벌레
그래서 너는 흔들리며 부풀어 오르는 그림자들과
문들과 대문간에 있는 무리들을 볼 수 있다
나는 집들 사이에 있는
이 빛들과 함께 살고 있다
나는 거센 바람과 태풍을

무서워하는 지친 흙 위에 서 있다
나에게서 흐르는 피는 열매를 맺지 못하고
생산을 하지 못하는 남근
그러나 손에 있는 남근은
햇볕의 도움이 없이
수천 개의 벌레를 낳는다

피의 황폐함은 무엇인가?
매일매일 지겨움이 태어난다 나는
적어도 이러한 무(無)가 앞서간 날의 지겨움을
동정심과 위로를 지운다고 말한다
눈에 띄지 않는 무덤들에게
세월의 찌꺼기들을 끌어오라고
고집을 부리던 날들이
역시 계절들 속에서 실을 뽑어낸다
씨앗은 겨울의 분노와 봄의 기쁨을
간직하고 있는 줄기를 자라게 한다
만일 태양이 불을 내 뿜으면
열매는 모든 손을 향해 웃으며 불탄다
황금빛 실 꾸러미들이 대답한다
거리에 있는 영혼이
빛의 밧줄들과 어울렸다
그림자는 거센 바람과 폭풍 속에서
떨고 있는 속 빈 갈대들을 낳는다

나는 거리가 잠을 자기 위해 훌쩍거리는 소리를 들었다
집들이 뼈다귀들을 차곡차곡
쌓아올리는 것을 보았다
나는 꿈에 사로잡혀 손으로 허공을 휘젓고
소리를 지르는 주민들을 보았다

"태풍이 멈추길!"
태풍이 그림자를,
수액이 뿌리들로부터 흐르고
가지들을 새싹들과 꽃들로 가득 채우는
유령들의 그림자를 제거하지는 않을까?
나는 종종 그림자들을 조롱하고 춤을 추는
정오의 태양을 에워싸고 있는 안개를 보고
노래를 부르고 춤을 추곤 했다
나는 종종 길가 찻집에 앉아
무(無)의 사건들을 기록하며
움직이는 입술들을 보곤했다
나는 얼굴이 어느 때건
열정 속으로 부서져 들어갈지도 모르는
영혼을 숨겨준다는 사실을 알고 있었지만
창백한 바다처럼, 떠돌이 오후처럼
구속된 얼굴들만을 바라본다
이 사람이 기침을 하고 저 사람은 이야기한다
"시간을 죽이기 위해
담배 한 대를 더 피워도 되겠습니까?"
사람들은 그의 영혼에 관해, 그림자들의 집에 관해
태양의 집에 관해
욕망이라 불리는 갈망과 배고픔, 불편이라 불리는
갈망 사이에서 흔들리는 것에 관해
대화하기를 좋아합니까?
그들이 나에게 말한다, "꺼져,
비켜! 우리는 부서지는 진흙으로부터
불타는 눈들로부터
찢어진 발들로부터 지운
영광스런 도시들을 가지고 있단 말이야."
어제 수백 명이 죽었다

오늘 수백 명이 죽을 것이다
내일 또 다른 수백 명이
눈 근육들과 발 가죽으로
오솔길을 지을 것이다
길 너머에는 하늘처럼 넓은 계곡들이 있고
수천그루 나무들의 바람에 떨어진 꽃들이 있다
그러나 그들이 나에게 경고한다
"계곡들에는 어두운 길들만이 있다
나무들은 우리의 집들과 그 안에 있는 모든 것처럼
캄캄해지지 않나?"
정오의 숨결은 다채로운 색깔의 나뭇잎들을 쓸어내는
강한 먼지바람
나에게 남은 건
어둠 속에서 들려오는 외침
난 상처를 입었어
눈먼 등불들도
상처를 입었어
만일 매일 입술들이 망치들처럼
내 몸에 떨어지면
해골들이 내 빵 아래에 숨어 있으면
나는 우리 우물에 가라앉아 죽을까?
전율이 집들을 관통할까?
잠을 청하면서 도시가 소리치고
신음한다
어둠 속에 버려진 거리를 봐
배들이 어둠을 입고 있어
빛은 그들을 결코 찾을 수 없어 문들에는
빗장이 걸려있다
행인이 문들마다 그를 붙드는
고통에게 고개를 숙인다

폭풍이 불어와

시체를 길가에서 쓸어버리고

등불들과 그림자들을 제거한다

눈과 발을 제거한다

폭풍아 불어라

죽음의 손가락들을 우리로부터 떼어 놓아라

모든 문을, 어슬렁거리는 고통을

없애버려라

목구멍에서 나오는 생명의 외침을

길에서 나오는

춤의 송가들을

해방시켜라

바다의 조수들로 가득 찬

꼭대기로부터 내려가라

눈앞에서 썩어버린 모든 것을 치워버려라

거대한 바다를 향해 도시의 문들을 열어라

구석들과 바닥들을 씻어내기 위해

성난 파도들을 그림자 집으로 돌려라

쇠사슬을 쓸어버려

뼈들과 벌레들의 사슬들을 보내

바다 바닥으로 검은 바위들을 던져

비옥함이 푸른 동굴로부터

우리의 땅으로

피로 밀어닥치게 만들어

우리의 밤들에게 편안한 잠을 회복시켜

그러면 태양이 도시를 위해

만발한 꽃들과 푸른 초원과 함께

폭발할 것이다

웃음이 모든 창문, 방, 집으로부터

들릴 것이다.(전문) (1958년 봄)

5. 맺음말

자브라 이브라힘 자브라는 소설, 시, 비평, 미술, 번역 등의 다양한 분야에서 그 재능과 업적을 인정받은 현대 아랍을 대표하는 다재다능한 문인들 중의 한 명이었다.

특히 시인 자브라는 신화를 통해 아랍세계의 부활을 희망했던 탐무즈 시인들 중의 한 사람으로 신화의 중요성을 강조하였으며, 20세기 중반 죽음과 부활의 신화를 사용했던 일단의 시인들에게 "탐무즈 시인들"이란 이름을 붙였다. 또한 자브라는 아랍시의 현대화에 결정적인 영향을 끼쳤던 신시 운동의 주도적 역할을 수행했으며, 특히 아방가르드 시 잡지 '시'지의 문인들과 함께 산문시의 혁신적인 운동을 주도하였다. 더불어 자유시의 열렬한 옹호자로서 시적 실험과 비평을 통해 자유시 운동을 적극 지지하고 주도하였으며, 서구의 저명한 시인들의 작품들을 번역·소개함으로써 선진 시 경향들을 아랍세계에 소개하였다.

자브라는 20세기 초 아랍세계에서 구체화되기 시작했던 새로운 비전을 전달하기 위해서는 새로운 형식들과 기법들을 탐구해야 한다고 보았으며, 새로운 시를 '신시'라고 불렀다. 자브라는 신시는 수사적이고 낭송조의 까시다와는 완전히 다른 '속삭이는 듯한 이미지가 풍부한' 시 형식이 되어야 한다고 주장했다.

자브라는 다른 탐무즈 시인들과 달리 신화를 주로 암시적으로 사용했다. 특히 자브라는 탐무즈 신화를 통해 표출되었던 다양한 이미지들 중에서도 '삶과 죽음간의 투쟁'을 암시하는 이미지를 즐겨 사용했다. 농부가 땅을 경작하기 위해 물을 끌어오고 적들로부터 물을 보호하려하는 단순한 내용의 〈빌려온 조국〉은 '삶과 죽음'의 대조적인 이미지들로 가득 차 있었다. 삶의 이미지들을 가져오는 이는 탐무즈이며, 죽음의 이미지들을 가져오는 것은 멧돼지로 이해할 수 있다. 현실적인 시각에서 볼 때 탐무즈는 패배한 조국, 빼앗긴 팔레스타인이며, 멧돼지는 조국의 적 이스라엘로 읽을 수도 있다. 자브라가 알제리 혁명의 6주기를 기념하여 쓴 〈프로메테우스의 저주〉에서는 삶의 이미지인 프로메테우스가 알제리 동포들을, 죽음의 이미지인 제우스가 프랑스 제국주의자들을 상징하였다. 자브라의 신화사용이 가장 성숙한 시는 바로 〈도시〉에서였으며, '탐무즈'라는 이름이 단 한 번도 사용되지 않았음에도 삶과 죽음의 이미지들로 가득 차 있는 탐무즈 신화의 변이형이라는 사실은 명백하다.

자브라 이브라힘 자브라는 이론과 실험을 통해 현대 아랍시 발전에 크나큰 공헌을 하였음에도 불구하고 조국 팔레스타인의 패망과 이라크로의 이주로 '배신자'라는 굴레를 쓰면서 아랍세계에서 기피인물이 되었고 아랍시에 대한 자긍심이 강했던 아랍인들에게 시인으로서의 자브라는 제대로 평가받지 못했다. 그 결과 아랍세계 내에서도 시인으로서의 자브라에 대한 연구는 거의 이루어지지 않았으며, 그의 시집들을 구하는 것조차 매우 어려운 실정이었다. 자브라 이브라힘 자브라가 아랍문학 전반에 끼친 영향과 업적을 고려해 볼 때 그에 관한 보다 활발한 연구가 이루어져야 할 것이다.

《자브라 이브라힘 자브라 대표시들》

〈골고다 이후〉

나는 예수와 함께 살았다
나는 죽었고 그와 함께 일어났다
내 목소리는 마치 내 것이 아닌 것처럼
허공에서 윙윙거렸다
나는 결코 불을 먹지 못했다
불을 왜? 누구를 위해?
나에게 그림자와 차가운 물을 줘
그래야 나는 버려진 방의 벽 위에
내 기억을 매달 수 있어.

손님들과 군중들이 뿔뿔이 흩어졌다
목소리가 골고다에서 죽은 쥐처럼
속절없이 울어댔다.

내 입술 위에
꿀과 콜로신스의 맛이 있다.

나는 도망쳤던 공간으로 나를 유혹하며
내 목소리를 듣기 위해 죽은 이로부터 돌아왔을까?
나에게 그림자를 줘
한 여자가 너의 물에 얼음을 넣는다
태양은 불타고
죽음 이후의 생명은 짐이다

내 목소리는 불을 사랑한다
누구를 위해? 누구를 위해?
나는 눈을 감는다
내 입술 위에는
꿀과 콜로신스의 맛이 있다.

〈유랑지 사막에서〉

봄 또 봄, 유랑지 사막들에서
우리의 눈들이 서리와 먼지로 가득 찰 때
우리는 연인과 무엇을 하나?

우리의 녹색 대지, 우리의 팔레스타인.
그곳의 꽃들은 마치 여자들의 가운을 수놓은 듯하고
3월은 그곳의 언덕들을
보석 같은 작약과 나르시스로 수놓는다,
3월은 꽃들과 신부 같은 몽우리들로
그곳 들판들의 입을 벌린다.
5월은 우리의 계곡들에 있는 올리브 나무의
푸른 그늘 아래서 정오에 부르는
전원가(田園歌).
우리는 7월의 약속과
추수의 유쾌한 춤을 기다린다.

오렌지 숲 그늘 아래서
계곡들의 아몬드 나무들 사이에서 꿈결처럼
어린 시절을 보냈던 우리의 대지여,
사막의 가시덤불 사이를 방황하는
바위산들을 방황하는

지금의 우리를 기억하라.

사막들과 바다들 너머 야단법석의 도시들 속에 있는
지금의 우리를 기억하라.
끝없는 방황 속에서 결코 깨끗해질 수 없는
먼지로 가득 찬 눈들을 가진 우리를 기억하라.
그들이 우리의 언덕들에 있는 꽃들을 짓뭉개고
우리의 집들을 파괴하고
우리의 육신들을 찢어 흩어버리고
우리 앞에 굶주림으로 몸부림치는 계곡들이 있는
푸른 그림자들이
빨간 가시덤불 속에서 박살이 나고
독수리와 까마귀밥으로 남겨진
시체들 위로 몸을 구부리고 있는
사막을 펼쳐놓았다.

그것은 천사들이 목동들에게
땅의 평화와 인간들의 행복을 노래했던
너의 언덕들로부터 오니?
죽음이 야수들의 흔적들 가운데서
인간들의 갈비뼈들을 발견하고 웃었다.
총알들의 큰 웃음소리 가운데
울고 있는 여인들의 머리 위에서
계속해 흥겨운 춤을 추었다.
우리의 땅은 에메랄드.
그러나 유랑지 사막에서
봄 또 봄……
단지 먼지만이 우리의 얼굴에서 야유를 보낸다.
우리의 눈들과 우리의 입이 서리와 먼지로 가득 찰 때
우리는 연인과 무엇을, 무엇을 하나?

〈트럼펫〉

내가 만일 내 목소리를 증폭시켜주는
트럼펫을 불면
내 목구멍의 단순한 기침소리도
사자의 포효처럼 된다.

그러나 나는 우리 산(山)사람들처럼
사고 팔 수 있는 악기보다
가장 높은 바위에 올라가
외치는 소리
목구멍의 외침소리를 더 좋아한다.

트럼펫은 위선,
온갖 속임수를 만든다.

〈샘의 이방인〉

풀잎이 바위를 쪼갠다.
그것은 울려 퍼지는
어둠을 관통하는, 태양을 머리로부터 끌어당기는
낮의 주권을 선언하는
수탉의 울음소리인가?
그것은 황무지를 향해
하늘을 향해 활짝 입을 벌린
타는 듯한 입술들을 향한
천둥의 기적이며
퍼붓는 비.

영혼을 가져가라, 몸뚱어리를 가져가라
마음을 가져가라, 가져가라 가져가.
나의 피에 있는 장미 관목들처럼
그들의 손톱들을 심었던 손가락들이여.
너의 연인이 손바닥 사이에 밤과 태양을 같이 운반하고
대지의 내부로부터 그가
바위를 쪼개는 풀잎처럼
날개를 달고 이슬을 머금은 채 나온다
그가 너의 눈과 손의 보상들을
뿌린다.
나의 피에 있는 사랑의 샘들처럼
그들의 손톱들을 심는 손가락들이여.

길 위의 산들바람이 늦은 밤
눈들과 함께 밀려오고
길고 긴 여행을 사랑한
이방인들과 예언자들에게 피난처를 제공한다.
길 위의 산들바람이 하릴없이
그 집으로부터 동굴과 샘으로 내려와
집으로부터 골고다로
꿈들의 침대로부터 십자가로 올라와
으르렁댄다.
길 위의 산들바람이 역한 냄새와 쟈스민 향기를
실신과 죽음과 마지막 웃음의 냄새를
시작과 끝으로부터 가져와
마치 잠자는 뱀처럼
어둠 속에서 처음으로 남자와 키스하는 20살의 처녀처럼
쾌락을 추구하고 그것을 거부하고
유혹을 벗어나려는
불타는 가슴을 가진 처녀처럼

격정에 떠는 살과 피로
만지고 속삭이고 불타며
혀와 입술 위에
영혼을 구현하고 향기로 흠뻑 젖은 말을 하며
부드럽게 화를 내며 온다.

그것은 황홀감과 고통을 불러일으키는 영혼,
광인처럼 발굽들로 뇌와 심장의 통로들을 때린다.
그것은 어쩔 수 없는 거짓말.
진실은 예언자들과 도망자들에 의해
사랑받았던 길로부터 생긴 거짓말.
영혼은 길, 산들바람은 그 속삭임.
긴긴 밤의 열기 속에서 사랑하는 가슴들의 부딪힘.

여행의 끝은 그 시작.
도시의 시계들이 마냥 울리게 내버려 둬!
이제 밤은 그 박쥐들을 소유하지 못하며
아침은 다가오는 죽음들로 위협받지 않는다.
산 위에는 무시무시한 숲이 세워졌고
물의 바위가 폭포들에서 폭발했다.
밤의 야생마들이 시원한 샘가에서
히힝거렸다.
얼굴에 두개의 보조개가 있는
머리카락이 타작마당 맛이 나는
입이 여름날의 포도밭인
이방인이 홍수 속에서 발을 구르며
소리쳤다, "밤의 야생마들은 누구의 것인가?
말들과 밤과 모든 도시의 시계들이 미칠 때까지
가시관에 키스를 한 이방인의 것이 아니면
누구의 것이란 말인가?"

〈신양(神羊)의 상(像)〉

혀가 가졌던, 신경이 가졌던
이 모든 말들은
우주만큼이나, 대양만큼이나
수많은 밤들, 으르렁거렸던 천둥만큼이나
하늘만큼이나 많다.
첫사랑이
멀고 높고 특별한 것 멀리
이 몸뚱어리로부터 나타난 뿌리를 가까이 있는
높은 바위에게 건넸던 인사만큼이나 많다.
말이 길을 잃은 후, 말의 상실은
나의 상실, 증오로 가득 찬 울고 있는 내 세대의 상실,
사막 베드윈들의 상실 그리고 뱀,
수십만 명의 상실.
멀리서, 광야에서 그들의 목소리가 들린다.
세상 죄를 짊어진 神羊이여
세상 죄를 짊어진 神羊이여
우리에게 자비를 베풀어라
말을 향한 행동을
혀를 향한 기억을 모아라
눈물이 고통을 노래하는 알파벳을 정화케 하라.

늑대들이 나를 길들였다, 내가
내 운명의 숲에 있는 사자들을 길들였다.
숲에 있는 나의 세대는 먹잇감
나의 친구들은 포식동물들의 식사거리.
우리의 심장들이 포식동물들을 위해
나뭇가지들 위에 걸려 있었다.
세상 죄들을 짊어진 神羊이여,

우리의 눈물이 석유를 정화케 하라.
벙어리들의 이산으로부터
사막들의 이산으로부터 우리를 구원하라.
우리는 바다를 지고 간다.
우리는 우주를 지고 간다.
우리는 하늘을 지고 간다.
우리는 잠과 잠 사이로 죽음을 지고 간다.

〈우물 아가리〉

(데이르 야신 대학살[80] 때 적들이 희생자들의
시체들을 마을 우물에 던져 버렸다.)

우물 아가리.
상냥한 처녀들이
킬킬거리고 콧노래를 흥얼거리며
다정스런 손으로
물동이에 샘물을 붓던 곳.
그런데 갑자기
총알과 뒤섞인 피를 흘리는
처녀들과 피 흘리는 임신부들로 채워진
파괴의 아가리,
무덤 아가리가 되었단 말인가?
근처에 있던 포도송이들이 시들어 말라버렸나?

---

80) 1948년 4월 9일 메나헴 베긴의 이스라엘 군대가 데이르 야신 마을의 민
간인 250명을 사살한 사건. 1980년에 이스라엘 수상으로서 베긴은 이 마
을의 남아 있는 부분을 불도저로 밀어내고 대신 유태인 정착촌을 건설하
면서 30년 전 자신이 저지른 만행을 기념했다. 그리고 정착촌 거리들의
이름을 학살을 자행한 이스라엘 군대 소속 부대들의 이름을 따서 지었다.

밀이 메말라버렸나?
기름옷들이 흩어져있는 바위들 위에 기름을 쏟아버렸나?
그곳에 예수가 또다시 십자가에 못 박혔나?

우물 아가리는 우리의 두 번째 골고다가 될 것이다.
피로 얼룩진 아가리로부터
젊은 처녀들과 임신부들이 살과 뒤섞인 채
검은 용암을 토해낼 것이다.
우리의 땅에 그을리고 지글거리는
죽음을 뿌리고
독수리들을 사육했던 자들을
처부수자.
그러면, 신성하고 풍요로운 비옥함으로부터
생명이 흘러넘칠 것이다,
우리 모든 마을들에
다시 흘러넘칠 것이다.

〈달려, 달려 나의 말괄량이〉

달려, 달려! 나의 말괄량이.
사방엔 앞뒤가 뒤바뀌고
밤이 정오 시간에 나타난다.
앞으로, 뒤로, 달려!
화살이 여기, 저기를 가리키니
어찌 해야 하나…….
화살들은 수평선의 원안에 있는
하나, 모두를 속인다.
달려, 나의 말괄량이.
미친 기관사가 모는 폭주 기관차처럼

캄캄한 밤에 이유 없는 기쁨처럼
미로 속에서 나는 기쁨의 휘파람 소리처럼 달려.
나의 말괄량이…….
기뻐 울며
사랑 때문이 아닌, 어떤 것 때문도 아닌
죽음의 기쁨과
탄생의 기쁨을 향해 달려 나간다.
하이에나가 음탕하게 울부짖는다.
건강하고 쾌활한 처녀가
너의 발굽들로 짓밟았던 이야기 책 위에
너의 기름진 오줌보를 비웠던 시위에 엎드려
히힝 거리고, 기뻐 날뛰고…….
달려.
창들 사이로 달려.
살인자들의 이빨들 사이로 달려, 나의 말괄량이.
살해된 이들의 얼굴들 위로 달려.
살해된 이들은 우리의 아버지들
살인자들은 우리의 동료들.
달려, 달려.
굶주림으로부터 굶주림을 향해
굶주림으로부터 탐욕을 향해
맞서 싸워.
엉덩이로부터 유혹을 퍼뜨려
공허함을 퍼뜨려, 지겨움을 퍼뜨려.
달려, 끝없는 별들 사이로 달려.
끝에 있는 구덩이는
처음에 있는 것과 같다
어둠 속을 걸어가는 이들을 유혹하기 위해
길 위에 구덩이들이 있다, 그러니 현혹되지 마.
길은 오전에는 곧지 않을 것이다, 산길은

제때 온 봄처럼 좋은 초원에 도달하지 못할 것이다.

네가 나와 함께 멈추려면, 나의 말괄량이,

성들이 폐허의 연인인 나의 기쁨을

나타내는 폐허에 멈춰.

그곳 댄서들의 눈들이

대리석 틈새들로부터 펄럭거린다,

승리자들의 머리들이

오만 명 또는 칠만 명 또는 십만 명의 죽은 얼굴들이

새겨진 발코니로부터 바라본다.

미로 속에서 누가 어떻게 나의 말괄량이를

셀 수 있어?

그곳에 우리는 20개의 불을,

첫 겨울비 속의 소나무 향기를 가지고 있는

입술들과 가슴들을 버렸다.

우리는 죽음이 사이렌[81]들의 노래들처럼

사방으로부터 우리에게 소리치는 동안

바위들 위에 키스들을 심고

밤 폐허들 위에 먼지를 뿌리지 않나?

네가 멈추려면, 입술들이

낮보다 더 고집 세고

장군들의 머리들과 총구들보다 더 영원한 곳에

잠시 멈춰.

그리고 달려.

평원을 향해, 산길들을 향해, 귀환을 향해

라디오가 생명의 장례식을 떠들어대는

벙어리 거리들을 향해, 생명을 향해 달려.

---

81) 사이렌은 하반신은 새의 몸이지만 상반신은 아름다운 여성의 몸을 가지고
   있다. 사이렌은 아름다운 노래로 뱃사람들을 유인해 물건과 생명을 뺏는다.
   고향으로 돌아가던 오디세우스는 뱃사람들의 귀를 밀랍으로 봉하고 자신의
   귀를 열어둔 대신 자신의 몸을 기둥에 묶어서 그 유혹을 피했다고 한다.

■■ 부 록

《신화 속 인물들》

1. 아래 신화 속 인물들에 관한 내용은 〈두산세계대백과 99〉의 것을 필요에 따라 삭제 또는 수정하였다.

2. 내용은 다음과 같이 가나다순으로 배열하였다: 메두사, 바알, 불사조, 시지프스, 아도니스, 아티스, 오르페우스, 오시리스, 요나, 욥, 유다, 이시타르, 카드모스, 카인, 케로베로스, 탐무즈, 하룬 알라쉬드, 후사인.

메두사

　그리스 신화에 나오는 괴물이며, 고르곤이라는 세 마녀들 중의 하나
로, 고르고 메두사라고도 한다. 원래는 아름다운 소녀였으나 여신 아테
네의 신전에서 해신 포세이돈과 정을 통했다고 하여, 아테네 여신의 저
주를 받아 무서운 괴물로 변하였다.

　그녀가 영웅 오르페우스의 손에 목이 잘릴 때, 그 피에서 포세이돈
의 자식인 날개 달린 천마(天馬) 페가수스와 크리사오르가 태어났다.
한편 그녀의 목은 아테네의 갑옷에 장식으로 붙여졌다.

　한편 정신분석학에서 메두사는 아들을 사랑할 위험이 큰 어머니,
혹은 여성생식기, '자식에게 성적 요구를 가하는 여성의 상징'으로 해
석되고 있다.

🌸 바 알

고대 시리아 셈족 고유의 남신(男神)이며, 셈어로 '주'(主) 또는 '소유자'의 뜻이다. 페니키아 신화에서는 각 도시의 수호신으로 숭배되었는데, 페니키아인이 팔레스타인 남부 네게브 땅에서 지중해 연안으로 이주할 때에 처음으로 나타난다. 또 페니키아의 라스 샴라 문서에서는 대기와 구름과 폭풍의 신인 바다드로 그려져 있다. 태양의 주신(主神)인 엘 다음으로 위대한 신이며, 엘보다도 새롭다. 천둥으로 무장하여 번개를 나타내는 창을 땅에 집고 암소에 올라탄 모습으로 표현된다. 이집트 고 왕국에서도 외래의 신으로서 숭배되었고, 구약성서에서는 토지 소유자로 간주되는 신들의 총칭으로서 바알의 이름을 인용하고 있는데, 거기서는 곡물·과실·가축 등의 결실 및 성장을 주관하는 신으로 숭배되었다. 이 바알 신앙이 차츰 야훼 신앙을 혼란케 하였기 때문에 B. C. 8세기의 예언자들로부터 우상숭배라는 낙인이 찍혀 배격되었다.

불사조

전설에 나오는 영조(靈鳥)로 '피닉스'라고 한다. 피닉스는 고대 이집트의 상상의 신조(神鳥)이며 '비누'(bynw)의 그리스어 이름이다. 빛나는 진홍과 금빛 깃털을 가진, 아름다운 소리를 내는 새로서, 크기는 독수리 정도라고 전해진다. 이집트에서는 피닉스가 아라비아에 살며 500년마다 태양신의 도시인 헬리오폴리스에 나타난다고 전해지고 있다.

피닉스는 생명이 종말에 가까워지면 향기 나는 나뭇가지로 둥우리를 틀고 거기에 불을 붙여 몸을 태워 죽는다. 그러면 거기서 새로운 피닉스가 탄생하고 죽은 시해(屍骸)의 재를 몰약구(沒藥球)에 넣어 헬리오폴리스의 태양신의 신전에 매장하였다고 전해진다.

원래 피닉스는 태양을 상징하는 '태양의 새'이며 저녁에 죽은 태양이 아침에 되살아난다는 의미에서 재생의 신앙이 생긴 것 같다. '비누'도 태양의 상징이며 태양신 라의 2차적 형식으로 간주한 것으로 추측된다.

종교예술이나 문학세계에서는 불멸 또는 재생의 상징이다.

시지프스

그리스 신화에 나오는 코린토스의 왕으로, 전설에 의하면 그는 인간 가운데 가장 교활한 사나이인데, 그와 마찬가지로 교활하기로 소문난 아우톨리코스를 속인 이야기는 유명하다. 아우톨리코스는 소를 훔쳐서 소의 빛깔과 모양을 자유자재로 바꾸었기 때문에 여간해서 발견되지 않았는데, 시지프스가 자기 소의 발굽에 자신의 이름을 새겨 두었기 때문에 도둑맞은 소를 발견할 수 있었다. 그 후 아우톨리코스가 시지프스의 교지(狡智)에 감탄하여 두 사람 사이가 화목해진 틈을 타서, 시지프스는 아우톨리코스의 딸 안티크레이아를 유혹하여 그녀를 범하고 낳은 아들이 영웅 오디세우스라고 한다. 또한 제우스가 사신(死神)을 그에게 보냈을 때 사신을 속여 꼼짝 못하게 묶어 놓아 군신(軍神) 아레스가 사신을 구출할 때까지 아무도 죽지 않았다고 한다.

이같이 못된 짓을 많이 한 탓으로 그 형벌로 커다란 바위를 산꼭대기로 밀어 올려야만 했는데, 산꼭대기에 이르면 바위는 다시 아래로 굴러 떨어지곤 하여, 이러한 고역을 영원히 되풀이하고 있다고 한다.

아도니스

그리스 신화에 나오는 미소년으로, 시리아 왕 테이아스 또는 사이프러스 왕 키니라스와 그의 딸 사이에서 태어난 불륜의 씨라고 한다.

여신 페르세포네와 아프로디테의 사랑을 받고 있었는데, 사냥을 하다가 멧돼지에 물려 죽었다. 이 멧돼지는 헤파이스토스 또는 아프로디테의 연인 아레스신이 질투하여 변신한 것이라고 한다. 미소년 아도니스가 죽으면서 흘린 피에서는 아네모네 꽃이 피어났고, 여신 아프로디테의 눈물에서는 장미꽃이 피어났다고 전해진다. 아프로디테의 슬픔이 너무나 컸기 때문에 명부의 신들은 아도니스가 해마다 1년 중 1/3은 지상에서 아프로디테와 함께, 또 1/3은 명부에서 페르세포네 여신과 함께 하고, 나머지 1/3은 자기가 원하는 곳에서 지내도록 허락하였다고 한다.

또 다른 전설에 의하면 아도니스가 어렸을 때 아프로디테가 상자 속에 그를 감추어 페르세포네에게 맡겼는데, 나중에 페르세포네는 미소년에 반하여 돌려주려 하지 않자, 제우스는 아도니스에게 1년을 나누어 양쪽 여신 곁에서 반년 씩 살라고 명하였다고 한다.

아도니스는 원래 해마다 죽고 해마다 부활하는 식물신으로 바빌로니아의 곡물신 탐무즈에 해당하는데, 그에 대한 숭배는 페니키아로부터 그리스와 그 밖의 지역으로 번졌다.

 아티스

  그리스-로마 신화 속의 인물로 프리기아의 미소년이다. 원래 남녀 양성(兩性)이었던 모신(母神) 키벨레가 거세당했을 때, 잘려 떨어진 부분에서 돋아난 복숭아씨에 의해 임신한 하천신(河川神) 상가리오스의 딸 나나에게서 태어났다고 한다. 키벨레는 청년이 된 아티스를 사랑하여 다른 여자와 결혼을 못하도록 그를 정신착란 상태에 빠뜨린 결과, 그는 스스로 거세하고 죽었다. 제우스는 그를 전나무가 되게 하고 피에서는 제비꽃이 피어났다고 전해진다.

  원래 아티스는 아도니스와 마찬가지로 겨울에 죽었다가 봄에 부활하는 식물신인데, 특히 로마에서 숭배되었으며, 춘분에 행해지는 그의 제사에는 신비적 의식이 따랐다.

오르페우스

그리스 신화에 나오는 악사·시인으로서, 태양의 신 아폴론과 뮤즈 칼리오페 사이에서 태어났다. 아버지 아폴론에게서 수금(竪琴) 타는 법을 배웠는데, 그의 아름다운 수금 연주와 목소리는 짐승들과 숲 속의 나무들에게도 감동을 주었다고 한다.

그의 아내 에우리디케가 산책 도중에 목부(牧夫) 아리스타이우스에게 쫓기다 독사에게 물려 죽자, 사랑하는 아내를 찾아오기 위해 저승으로 내려갔는데, 그가 음악으로 지옥을 지키는 개 케로베로스를 비롯하여 지옥에 있는 모든 사람들을 매료시키자, 지옥의 신 하데스와 그의 아내 페르세포네는 지상으로 나갈 때까지 절대로 에우리디케의 얼굴을 보아서는 안 된다는 조건으로 그녀를 데려가는 것을 허락하였다. 그러나 기뻐하며 아내를 데리고 지상을 향해 서둘러 가던 오르페우스는 마지막 한 걸음을 남겨두고 유혹에 못 이겨 뒤를 돌아다보았고, 에우리디케는 다시 저승으로 떨어지고 말았다.

아내를 너무나 그리워한 오르페우스는 그 뒤 모든 여자들의 구애를 계속 거절하다가, 트라키아 여자들에게 원한을 사게 되어 8갈래로 찢겨 헤브루스강에 내던져졌다. 그의 머리와 수금은 강을 떠내려가다 레스보스섬에 닿았고, 섬 주민들은 이것을 정중하게 장사지냈다. 오르페우스의 묘에서는 종종 수금연주가 들렸다고 하며, 레스보스섬은 이 전설에서 유래하여 서정시로 유명해졌다.

 오시리스

이집트 신화에서 사자(死者)의 신으로 숭배되었던 남신(男神)이다. 오시리스는 땅의 신 게브와 하늘의 신 누트의 아들로 누이동생 이시스와 결혼하였는데, 후에 형의 지위를 노린 아우 세토에게 살해되어 몸이 갈기갈기 찢겨졌다. 이시스는 이 몸 조각을 모아 매장하였는데 부활한 오시리스는 저승에 가서 왕이 되었다.

이 신화는 그리스 작가 플루타르코스의 《이시스와 오시리스에 관하여》(XII-XX)에 기록되어 전해지고 있다. 죽은 신을 애도하고 그 재생을 기원하는 오시리스 신앙은 예로부터 성행하였는데, 제5왕조(B. C. 2400?)부터는 파라오(왕)도 죽은 후에는 오시리스로 간주되었고 또 사람이 죽은 후에는 모두 오시리스가 된다고 여겨졌다. 오시리스와 이시스는 로마 등지에서도 신봉되었다.

요 나

구약성서에 나오는 인물로 《요나》서(書)의 주인공이며, 아미때의 아들로 갓헤벨에서 출생하였다. 이스라엘 왕 여로보암 2세가 아라메아인과 싸워 이스라엘에 행운을 가져올 것을 예언하였다(열왕하 14:25). 구약성서의 12 소 예언서 중 한 책인 《요나》서는 이 예언자가 겪은 중요 사건들을 교훈적으로 기록한 것이다.

니느웨(니네베)로 가서 그 주민들에게 경고하라는 하느님의 명령을 거역하고 다르싯(다시스)으로 도피하다가 항해 중에 큰 풍랑을 만났다. 배 안에 신의 노여움을 산 인물이 탔다고 생각한 선원들이 제비 뽑기를 제안하였다. 요나가 제비에 뽑히어 바다 속에 던져져 큰 물고기 뱃속에서 3일간을 지내다가 기적적으로 되살아나 자기의 사명을 완수한 이야기이다.

욥

가혹한 시련을 견뎌내고 믿음을 굳게 지킨 인물로 알려진 구약성서 《욥기》의 주인공. 노아, 다니엘과 더불어 고래로부터 의인(義人)의 전형으로 꼽힌다.

잇따른 재난으로 재산과 열 명의 자녀를 모두 잃고 건강마저 잃었지만 하느님을 저주하라는 아내의 말을 따르지 않았다. 문병하러 온 세 친구는 그의 고통과 고난이 그 자신의 잘못 때문이라고 생각하지만 그는 그렇지 않다고 믿는다. 그는 자신이 고난 받는 이유를 깨닫지 못하고 절망 직전에 놓이는데, 이때 하느님은 그에게 지혜를 주어 하느님의 주권적 힘을 깨닫게 하였으므로 깊이 회개한다. 하느님이 그의 병을 고치고 재산도 풍성하게 하는 축복을 주었다.

유 다

예수의 12제자 가운데 한 사람이며, 이스가리옷 유다, 가리옷 유다, 또는 줄여서 유다라고도 한다.

나중에 예수를 배반하였다. 가리옷 사람 유다의 배신에 관해서는 여러 설이 있다. ① 탐욕적이어서 제사장의 돈을 탐내어 예수를 팔았다는 설, ② 열성적으로 예수를 따르면서 예수의 신정왕국의 출현을 기대하였으나 그 기대가 어긋나자 실망하여 스승을 배신했다는 설, ③ 악마가 그 속에 역사하여 하느님으로부터 이미 배반이 예정되어 있었다는 설 등이다. 그런데 만일 유다가 자각적으로 배신했다면, 아마도 ②의 입장이 타당하다고 볼 수 있다.

요컨대 그는 은전 서른 닢에 자기의 스승인 예수를 팔았다가 후회하고 자살하였다(마태 27:5).

 이시타르

메소포타미아 신화에 나오는 여신. 천신(天神) 아누, 또는 월신(月神)의 자식으로 알려졌다. 미와 연애를 주관하는 신으로, 전투의 여신이기도 하다. 원래는 새벽의 명성(明星:金星)을 가리킨 듯하나, 그 정확한 어원은 분명하지 않다.

서 셈족에서는 아슈타르테(아스타르테)라고 하여 여성 어미 t가 붙어 여신을 나타내고 있으나, 남 아랍에서는 아스타르라고 하여 남신으로 되어 있다. 미와 연애의 신으로서의 이시타르의 성격은 메소포타미아의 선주(先住)민족인 수메르족의 여신 이난나(닌 안나, 인 안나)의 성격을 이어받은 듯하나, 또한 싸움을 즐기는 격렬한 성격도 갖고 있으며, 그 남성적인 성격은 셈족에게서 유래한 것으로 생각된다. 이 이면성은 바빌로니아의 장편 영웅시 《길가메시 서사시》에 등장하는 이 여신의 성격에서도 찾아볼 수 있다.

또한 《이시타르의 명계하강(冥界下降)》이라는 설형문자로 된 문서가 남아 있는데, 이 문서에 의하면 7개의 문을 통과할 때마다 여신은 의복과 장식품을 빼앗겼다가 지상으로 돌아올 때 그것들을 다시 되찾아 몸에 걸친다고 한다. 이 여신은 그리스 신화에서는 아프로디테와 동일시되었는데, 바로 풍요의 신 두무지의 연인이다.

카드모스

그리스 신화에 나오는 테베시의 건설자로, 페니키아왕 아게노르와 텔레파사의 아들이다. 제우스가 누이동생 에우로페를 납치해 갔을 때 아버지로부터 동생을 찾지 못하면 귀국하지 말라는 명령을 받고 여러 나라를 찾아 돌아다녔으나 동생을 찾을 수 없어 귀국을 단념하였다.

그 뒤 델포이의 신탁(神託)을 받아, 아폴로신전 근처에서 발견한 암소를 뒤따르다가 암소가 지쳐 쓰러진 땅에 도시를 건설하였다. 그의 이름을 따서 카드메이아라고 하였으며, 이곳은 뒷날 테베시가 되었다. 그는 이때 아테네 여신에게 바칠 아레스의 샘물을 뜨던 부하가 그 샘을 지키던 용에게 살해되자 용을 퇴치하였다. 이어 여신 아테네의 권고로 용의 이빨을 땅에 뿌려 땅 속에서 나온 무장한 병사들에게 싸움을 붙여 결국 5명만 남게 되었다. 이 5명은 스파르토이(땅에 뿌려진 남자들)라고 불렸고 테베 귀족의 조상이 되었다.

한편 카드모스가 아테네에게 바친 솥에 페니키아 문자가 있어 그가 그리스에 최초로 문자를 가져다주었다고 전해진다.

카 인

구약성서의 《창세기》에 나오는 인류의 시조 아담과 하와의 맏아들, 아벨의 형이다.

카인은 농부, 아벨은 목자였다. 카인은 농산물을 야훼신에게 바치고 아벨은 가축을 제물로 바쳤는데, 신은 아벨이 바친 제물은 반기고 카인이 바친 제물은 반기지 않았다. 그러자 그는 아우 아벨을 질투하여 죽이고 말았다. 노한 야훼는 그를 저주하여 떠돌아다니는 신세가 되게 하였다. 그러나 하느님은 세상 사람이 그를 죽이지 못하도록 그에게 표를 찍어 주었다. 이후 에덴 동쪽 놋 땅에 살면서 아들 에녹을 낳았다(창 4:16).

인류 최초의 살인사건으로 알려져 있는 이 사건은 인간의 질투심과 질투가 살인으로 이어지는 과정의 심리를 잘 묘사하고 있는데, 어쨌든 카인은 인류 역사에서 살인자의 대명사처럼 되어 있다.

케로베로스

그리스 신화에서 지옥의 문을 지키는 무서운 개. 산 사람이 저승에 들어오거나 죽은 자가 그곳으로부터 나가지 못하도록 파수 보는 일이 그의 임무이다. 3개의 머리가 있고, 꼬리는 뱀 모양이며, 목둘레에는 많은 뱀의 머리가 살아 움직인다.

음악가 오르페우스가 죽은 아내를 되찾으려고 저승에 갔을 때는 리라를 연주하여 케로베로스를 잠재운 뒤 통과하였다.

영웅 헤라클레스는 12가지 공업(功業)의 마지막으로서 케로베로스를 산 채로 잡아 지상으로 데리고 왔다.

 탐무즈

앗시리아·바빌로니아의 신. 수메르의 신 두무지, 즉 물의 신인 에아의 아들의 이름이 앗시리아와 바빌로니아에 들어와 간략화된 것으로, 식물신적 성격을 띠고 있다. 겨울에 말라죽었다가 여름에 무성해지는 식물처럼 1년의 반은 명계에서, 반은 천계에서 지낸다고 하며, 또한 미의 여신 이시타르의 남편이라고도 한다.

옛날에는 탐무즈의 재래(再來)를 울면서 기원하는 여자들의 의식이 있었는데, 구약성서에서 그 반영을 볼 수 있다(에제키엘 8:14).

탐무즈 숭배는 시리아와 팔레스타인에서 성행하였으며, 이 신은 그리스 신화에 들어와 아도니스가 되어, 아프로디테 및 페르세포네와 반년씩 지냈다는 이야기가 생겼다.

탐무즈의 이름은 오늘날에도 아랍에서 일곱 번째 달(7월)의 이름으로 남아 있다.

하룬 알라쉬드

압바시야왕조(750~1258) 제5대 칼리파(재위 786~809). 이란 라이 출생. 이 왕조의 전성기를 대표하는 칼리파로 일반적으로는 사치와 쾌락을 일삼은 전형적인 군주로 알려져 있으나, 실제로는 칼리파의 위신을 유지하기 위해 세심한 주의를 기울였다. 대외적으로는 비잔틴 국경 부근의 여러 도시를 요새화하여 침공기지로 삼고 797년과 806년의 두 차례에 걸쳐 비잔틴 제국의 오지 깊숙이 친정하여 조공을 바치게 하는 한편, 카를대제가 보낸 사절을 맞아들였다. 그러나 국내적으로는 압바시야왕조에 불만을 품은 당파의 반란이 잇달았으므로 그 진압에 애를 먹었다. 내정은 압바시야왕조의 초대부터 중용되어 온 바르마크가(家)에게 거의 모두를 일임하고 있었는데, 803년에 갑자기 이를 변경하고 손수 국정을 다스렸다. 또한 궁정에 많은 학자·문인을 모아 학술을 보호·장려하여 이슬람 문화를 꽃피웠다.

《천일야화(아라비안나이트)》의 등장인물로도 유명하다.

후사인

　후사인 이븐 알리(625~680. 10. 10). 이슬람교 시아파의 제3대 이맘. 예언자 무함마드의 손자이며, 제4대 정통 칼리파 알리와 무함마드의 딸 파티마 사이에 태어난 둘째 아들이다.

　661년에 아버지 알리가 피살된 뒤, 우마위야왕조(661~750)의 칼리파에 대한 충성을 거부하고 예언자 일문(一門)의 세력 회복에 힘썼다. 이라크 민중의 초청으로 메카를 출발하였는데, 유프라테스 강변에 있는 카르발라에서 우마위야왕조 군대의 공격을 받고 일족과 함께 순교하였다. 그의 죽음은 그 후 시아파의 정신적 활력소가 되어, 이들의 운동은 정치적 색채가 점점 퇴색하고 종교적으로 되어 갔다.

▨▨ 찾아보기

• 저자 •

임병필   • 약 력 •
(林炳弼)   부산외국어대학교 아랍어과 졸업
한국외국어대학교 아랍문학 석사
한국외국어대학교 아랍문학 박사

• 주요논저 •
「까시다의 운율체계에 관한 연구」(2007)
「아랍 까시다와 스페인 무왓샤하트의 상호 영향에 관한 연구」(2006)
「현대 아랍 자유시에 나타난 신화의 주제 분석」(2006)
『현대 아랍시의 자유와 전통』(2006)
『걸프만의 이방인』(2005, 역서)
『아랍 이슬람문학의 이해』(2002, 공저)
   외 다수

아랍시와 신화

• 초판 인쇄	2007년 6월 25일
• 초판 발행	2007년 6월 25일
• 지 은 이	임병필
• 펴 낸 이	채종준
• 펴 낸 곳	한국학술정보㈜
	경기도 파주시 교하읍 문발리 526-2
	파주출판문화정보산업단지
	전화 031) 908-3181(대표) · 팩스 031) 908-3189
	홈페이지 http://www.kstudy.com
	e-mail(출판사업부) publish@kstudy.com
• 등 록	제일산-115호(2000. 6. 19)
• 가 격	28,000원

ISBN   978-89-534-6881-8 93380 (Paper Book)
       978-89-534-6882-5 98380 (e-Book)